Md. Taslim Arefin
Osman Abukar Mohamed

Efeitos do Desvanecimento no Handover Vertical

Md. Taslim Arefin
Osman Abukar Mohamed

Efeitos do Desvanecimento no Handover Vertical

Uma análise em redes heterogéneas

ScienciaScripts

Imprint

Cover image: www.ingimage.com

This book is a translation from the original published under ISBN 978-3-659-86650-0.

Publisher:
Sciencia Scripts
is a trademark of
Dodo Books Indian Ocean Ltd. and OmniScriptum S.R.L publishing group

120 High Road, East Finchley, London, N2 9ED, United Kingdom
Str. Armeneasca 28/1, office 1, Chisinau MD-2012, Republic of Moldova, Europe
Managing Directors: Ieva Konstantinova, Victoria Ursu
info@omniscriptum.com

Printed at: see last page
ISBN: 978-620-8-55993-9

ÍNDICE DE CONTEÚDOS

RESUMO

Análise dos efeitos do desvanecimento para o handover vertical em redes sem fios heterogéneas Ao longo dos anos, o handover vertical tem atraído o interesse de numerosos investigadores. Apesar dos benefícios atractivos da integração de diferentes plataformas sem fios, os utilizadores móveis são confrontados com a questão da transferência prejudicial. À medida que um nó móvel (MN) se desloca num ambiente heterogéneo, pretende-se obter uma qualidade de serviço (QoS) satisfatória, assegurando uma transferência vertical eficiente. Isto exige não só a execução eficiente da transferência vertical, mas também a otimização das decisões anteriores à transferência, tais como: a estimativa da necessidade de transferência (HNE), a estimativa da condição de desencadeamento da transferência (HTCE) e a seleção do alvo da transferência (HTS). Os trabalhos existentes sobre otimização de HNE e HTCE consideraram a região de cobertura de um ponto de ligação como sendo circular, ignorando o efeito de desvanecimento. Este estudo analisou o efeito do desvanecimento da sombra e utilizou uma análise geométrica e probabilística extensiva na modelação da área de cobertura de uma célula WLAN. Assim, apresenta um modelo realista e inovador que procura assegurar uma transferência óptima à medida que um nó móvel (MN) atravessa um ambiente sem fios heterogéneo. Na abordagem HNE proposta, o tempo de permanência está a ser estimado juntamente com os valores-limite para garantir uma decisão de transferência óptima pelo MN, enquanto a probabilidade de transferência desnecessária e de falha de transferência é mantida dentro de limites toleráveis. Foram efectuadas simulações para mostrar o comportamento dos modelos HNE e HTCE propostos, considerando cinco atributos de desempenho (custo, atraso, taxas de dados, tempo de permanência, QoS).

CAPÍTULO 1

INTRODUÇÃO

1.1 INTRODUÇÃO

Com o rápido aumento da utilização da Internet e dos serviços sem fios, o desafio de apoiar a mobilidade generalizada e a prestação de serviços ubíquos aos utilizadores, integrando diversas tecnologias de acesso (GSM, 3G, 4G, WLAN, WiMAX e Bluetooth), tornou-se um domínio de investigação atrativo. Devido ao aumento do interesse pelos dados móveis, os utilizadores têm agora a necessidade de aceder a redes que utilizam várias camadas (macro e microcélulas) e várias tecnologias para satisfazer as crescentes exigências. À medida que um nó móvel (MN) se desloca num ambiente heterogéneo, considera-se necessária uma qualidade de serviço (QoS) aceitável, assegurando uma transferência vertical bem organizada.

A transferência vertical pode ser definida como a deslocação de um MN de uma rede de acesso para outra, mantendo a chamada ou a sessão em curso. Em comparação com as transferências horizontais, as transferências verticais são preservadas por razões de conveniência e não de conetividade [1].

Ao mesmo tempo, a seleção da transferência vertical pode depender de factores como a largura de banda disponível, a intensidade do sinal recebido (RSS), o custo de acesso, o tempo de permanência, a segurança, a velocidade, etc. [1, 2, 3,4 5, 6]. Para tomar a decisão mais favorável, é essencial avaliar as vantagens e os inconvenientes antes de iniciar uma transferência vertical.

1.2 MOTIVAÇÃO

Devido ao crescimento alarmante do número de utilizadores sem fios, a procura de níveis aceitáveis de QoS aumentou. Tem de existir um plano de transferência vertical eficiente para aguentar o aumento da procura de tráfego de dados e também para dar apoio a uma elevada mobilidade. Não é realista que qualquer tecnologia ofereça suporte a uma elevada largura de banda, mobilidade rápida, baixa latência e serviço de dados de área alargada simultaneamente a um grande número de utilizadores [13, 14].

Uma vez que não existe nenhuma tecnologia que possa oferecer uma cobertura ubíqua, a motivação deste estudo é implementar um esquema de transferência vertical que resolva os problemas das transferências prejudiciais e maximize a satisfação dos utilizadores. Cada sistema tem os seus méritos e deméritos, e nenhuma tecnologia supera as outras tecnologias existentes até à data [13]. Para manter uma conetividade ininterrupta e obter sempre os melhores serviços num ambiente heterogéneo, é necessário que um MN mude de ligação entre as redes de acesso disponíveis sempre que necessário. O esquema proposto pode ser integrado na norma MIH existente do protocolo IEEE 802.21.

1.3 OBJECTIVOS

Foram propostos vários algoritmos de transferência vertical para iniciar a transferência no momento ótimo para a rede óptima com base em várias métricas de rede [1, 2, 3, 4, 5, 6, 15, 16, 17 e 18]. No capítulo 2 desta tese, será mencionado um levantamento exaustivo dos esquemas relacionados.

Estes esquemas de transferência vertical não tiveram em conta os efeitos do desvanecimento na conceção da transferência ou os algoritmos são impraticáveis de implementar.

O estudo efectuará a análise do esquema de handover vertical proposto considerando as seguintes redes sem fios: WiMAX, 3G e WLAN. O estudo centrar-se-á na análise dos efeitos do fenómeno de shadow fading na tomada de decisões óptimas de handover. Os objectivos são os seguintes.

> Rever as técnicas de VHO de modo a avaliar as soluções actuais.

> Analisar os efeitos do shadow fading para tomar decisões óptimas de handover.

> Melhorar os modelos geométricos para HNE e HTCE através da análise dos efeitos de desvanecimento

> Examinar a seleção do destino da transferência, que é uma decisão importante necessária

> Examinar os resultados considerando cinco atributos de desempenho, tais como custo, atraso, taxa de dados, tempo de espera e QoS.

1.4 CONVERGÊNCIA DE REDES SEM FIOS HETEROGÉNEAS

A comunidade móvel sem fios está a atualizar e a implantar uma série de plataformas sem fios centradas na redução dos custos para os operadores, bem como a fornecer serviços novos e melhorados aos assinantes.

A combinação de duas ou mais tecnologias traz várias vantagens para o assinante e o operador. No entanto, uma das principais preocupações será provavelmente a mobilidade sem descontinuidades em redes sem fios heterogéneas.

A interoperabilidade 3G/WiFi tem sido um dos objectivos da indústria sem fios, o que é evidente através da utilização do IP móvel. O IP móvel facilita a continuidade da sessão de dados quando o utilizador está móvel, facilitando as transferências entre diferentes redes de acesso. O objetivo da convergência é fornecer mais serviços que serão adquiridos e utilizados pelos clientes [7]. Assim, a integração da mobilidade sem fio com o 802.11 possibilita a oferta de inúmeros serviços.

Até certo ponto, tanto os serviços 3G como os serviços WiFi são complementares, tendo cada um deles as suas vantagens únicas. O WiFi pode ser utilizado para fornecer débitos de dados mais elevados, ao passo que o serviço de dados 3G proporciona maior itinerância e serviço de voz numa base global. A convergência proporcionará aos utilizadores móveis uma funcionalidade ABC (Always Best Connected), alta segurança, disponibilidade a qualquer momento, custo acessível, faturação única, baixa latência e experiência de banda larga de elevada QoS [7].

O ABC significa fornecer um serviço sem descontinuidades através de várias redes de acesso sem fios e uma prestação óptima de serviços através da melhor rede disponível [24]. A convergência está a abrir caminho para o futuro.

1.5 HORIZONTAL VS. TRANSFERÊNCIA VERTICAL

A transferência horizontal ocorre quando um MN se desloca entre duas células de cobertura que utilizam a mesma tecnologia. É também conhecida como transferência intra-célula (intra-domínio) [10] e os serviços em funcionamento são mantidos mascarando a mudança de endereço IP, como no IP móvel [14]. A transferência vertical, por outro lado, é uma transferência entre duas tecnologias de acesso diferentes. É também conhecido como handover intercelular (interdomínio) [10], que ocorre quando o MN se desloca para uma célula ou área de cobertura adjacente e todas as ligações são transferidas para uma nova BS ou AP [14]. A Fig. 1-2 mostra o âmbito da operação entre handovers horizontais e verticais.

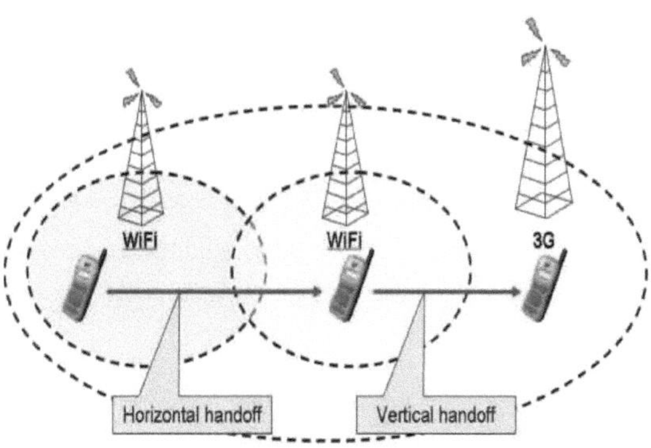

Figura 0.1: Transferência horizontal vs. transferência vertical

Tendo em conta os objectivos das redes da próxima geração (NGN), será dada muita atenção aos handovers verticais num futuro próximo. O foco desta investigação será a implementação de um esquema de decisão de handover vertical com consideração de desvanecimento num ambiente sem fios heterogéneo.

1.6 Resumo do conteúdo

Chapter 1

Este capítulo contém a introdução e os estudos de fundo da tese e o trabalho concedido que tem sido feito por muitas pessoas no mundo e também contém diferentes gerações de redes celulares em redes heterogéneas.

Chapter 2

Este capítulo contém a revisão da literatura sobre a tese e o processo de transferência, seguida de uma análise exaustiva das diferentes abordagens à decisão de transferência vertical.

Chapter 3

Este capítulo trata da panorâmica geral da transferência vertical em redes heterogéneas, da introdução da vertical e da horizontal, das suas diferenças contextuais, do que são feitas, das fases de decisão da transferência, dos algoritmos de seleção de parâmetros, da gestão da mobilidade e das estratégias de avaliação da VHO.

Chapter 4

Neste capítulo, discutimos a estimativa da necessidade de Handover, a seleção do alvo de Handover e a estimativa da condição de desencadeamento de Handover, bem como a probabilidade de Handover desnecessário e a probabilidade de falha de Handover e os seus parâmetros e atributos.

Chapter 5

Este capítulo contém a simulação e a análise dos resultados, bem como as métricas de desempenho, como o atraso, o custo, a taxa de dados, o tempo de espera e a qualidade do serviço. Os gráficos de resultados da simulação mostram a análise do efeito de desvanecimento em cada simulação.

Chapter 6

Este capítulo contém a conclusão da tese e o trabalho futuro.

CAPÍTULO 2

REVISÃO DA LITERATURA RELACIONADA

2.1 INTRODUÇÃO

Este capítulo começa por apresentar um historial relacionado com o processo de transferência, seguido de um estudo exaustivo das diferentes abordagens para tomar decisões de transferência vertical. Através da revisão da literatura, os algoritmos de transferência disponíveis podem ser agrupados em diferentes categorias com base no principal critério de decisão de transferência utilizado [14]. Os trabalhos relacionados com a transferência vertical podem ser agrupados em três tipos [6], os baseados em RSS, os baseados em custos e outros trabalhos relacionados que são brevemente descritos.

Trabalhos relacionados baseados em RSS: Foram desenvolvidos vários algoritmos de transferência baseados em RSS para comunicações sem fios. Em [5], foi desenvolvido um novo algoritmo que utiliza o conceito de área de fronteira dinâmica para suportar a transferência vertical sem descontinuidades entre a 3G e a WLAN.

Um método de decisão de transferência baseado na previsão da distância percorrida [3]; um modelo de previsão do tempo de permanência [4] e uma aproximação linear da distância percorrida [2] foram propostos para minimizar a probabilidade de transferência desnecessária. No entanto, os modelos geométricos considerados não tinham uma forma realista de célula de cobertura.

Trabalhos relacionados baseados nos custos: O custo da transferência é uma função da largura de banda disponível, da segurança, do consumo de energia e do custo monetário [13]. Com o aumento da necessidade de serviços de voz e vídeo, a largura de banda disponível, o consumo de energia, a segurança, etc., serão os principais factores utilizados para indicar as condições da rede que desencadeiam as transferências. Em [17], a largura de banda disponível e o custo monetário foram utilizados como métricas para as decisões de transferência. Os algoritmos baseados no custo são normalmente complexos, pois exigem a recolha e a normalização de diferentes métricas da rede.

Outros trabalhos relacionados: Em [18], foi proposta uma estrutura analítica para avaliar algoritmos de transferência vertical com novas extensões para algoritmos tradicionais baseados em histerese e em temporizadores de permanência. Utilizando uma abordagem probabilística, [15] trabalhou na avaliação de uma probabilidade de decisão errada (Wrong decision probability - WDP), que assegura um compromisso entre a maximização do desempenho da rede e a atenuação do efeito ping-pong. O algoritmo proposto foi capaz de reduzir a frequência de handover vertical e manter os bits recebidos o mais alto possível.

O objetivo deste trabalho é introduzir um modelo geométrico de base amebiana que alarga o modelo de cobertura circular ideal utilizado em trabalhos anteriores. Este trabalho considera a abordagem de tempo de permanência baseada em RSS. Os algoritmos baseados em RSS são fáceis de implementar, no entanto, são seriamente limitados pelo desvanecimento lento [16]. O desvanecimento lento pode ser causado por eventos como o sombreamento, em que uma grande obstrução, como uma colina ou um grande edifício, obscurece o caminho principal do sinal entre o transmissor e o recetor. Este trabalho apresenta um modelo novo e realista que descreve o comportamento real de uma área de cobertura WLAN, analisando os efeitos do desvanecimento. O modelo proposto assegurará uma decisão de transferência eficiente, tendo em conta os seguintes factores

·A forma da célula WLAN não é exatamente circular, mas irregular.

·A forma da célula muda com as alterações na natureza da obstrução em diferentes instâncias, humidade, temperatura, etc. [9].

2.2 ANTECEDENTES DO PROCESSO DE TRANSFERÊNCIA

2.2.1 CLASSIFICAÇÃO DAS TRANSFERÊNCIAS

As transferências podem ser classificadas de várias formas, como se refere a seguir:

Handoff horizontal e vertical: Dependendo do tipo de tecnologias de rede envolvidas, o handoff pode ser classificado como horizontal ou vertical [15]. O handoff tradicional, também designado por handoff horizontal ou intra-sistema, ocorre quando o MS alterna entre diferentes BSs ou pontos de acesso da mesma rede de acesso. Por exemplo, isto acontece normalmente quando o utilizador se desloca entre duas células geograficamente adjacentes de uma rede celular de terceira geração (3G). Por outro lado, o handoff vertical ou handoff inter-sistemas envolve duas interfaces de rede diferentes que representam redes ou tecnologias de acesso sem fios diferentes, por exemplo, uma BS em IEEE 802.16 e um AP em IEEE 802.11. A Figura 2.1 [16] descreve os dois tipos de handoffs em redes sem fios heterogéneas, em que o handoff horizontal ocorre entre duas WLANs e o handoff vertical ocorre entre uma WLAN e uma rede CDMA.

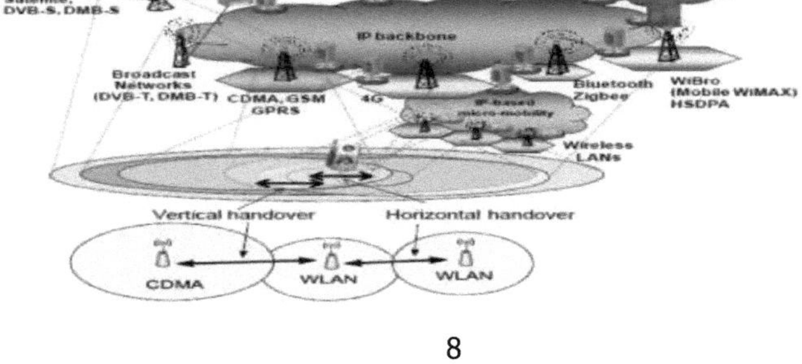

Figura 0.1: Dois tipos de handoffs em redes sem fios heterogéneas

Handoff duro e suave: Esta classificação de handoff depende do número de BSs e/ou APs a que um MS está associado num dado momento. O hard handoff, também designado por "break before make", envolve apenas uma BS ou AP de cada vez. A MS tem de interromper a sua ligação à rede de acesso atual antes de se poder ligar a uma nova rede. Num soft handoff, também designado por "make before break", um MS pode comunicar e ligar-se a mais do que uma rede de acesso durante o processo de handoff [15, 17].

Handoff controlado pelo telemóvel, assistido pelo telemóvel e controlado pela rede: Tal como os nomes sugerem, estes tipos de classificação do handoff baseiam-se na entidade, MS ou rede de acesso, que toma as decisões de handoff [18]. O handoff assistido por telemóvel é o híbrido do handoff controlado por telemóvel e do handoff controlado pela rede, em que o MS toma as decisões de handoff em cooperação com a rede de acesso. Uma árvore de classificação de handoff pode ser encontrada em [18] e é mostrada na Figura 2.2.

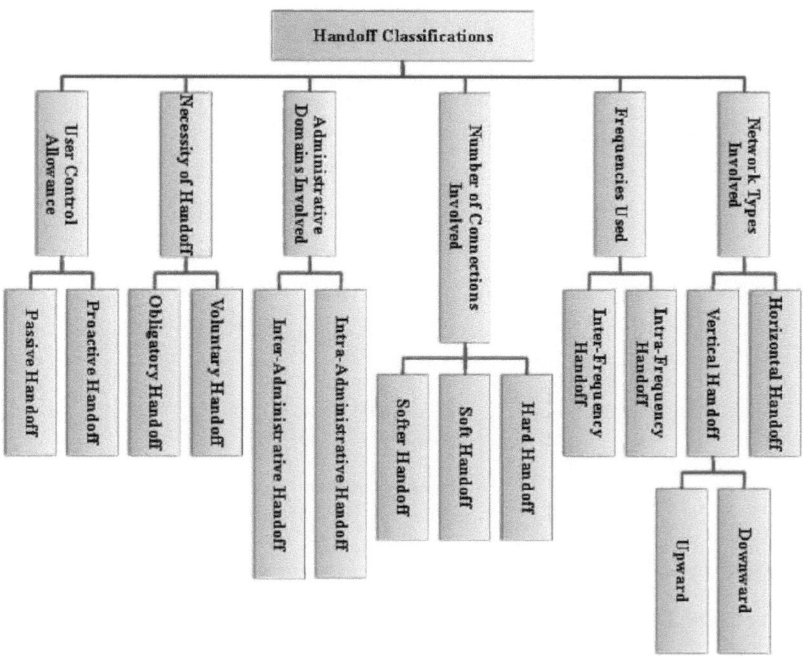

A Figura 0.2 mostra a árvore de classificação do handoff

2.2.2 CARACTERÍSTICAS DESEJÁVEIS DO HANDOFF

A Figura 2.3 [18] descreve várias caraterísticas desejáveis dos algoritmos de handoff, conforme mencionado na literatura [18, 19]. Algumas dessas caraterísticas são descritas de seguida:

□ *Velocidade*: O handoff deve ser suficientemente rápido para evitar a degradação e/ou a interrupção do serviço no MS. A mobilidade de um MS a uma velocidade elevada exige que o handoff seja efectuado rapidamente.

□ *Fiabilidade*: O Handoff deve ser fiável, de modo a que o MS possa manter a QoS necessária após o handoff.

□ *Êxito*: Devem estar disponíveis canais e recursos livres na rede de acesso de destino para que o handoff seja bem sucedido.

□ *Número de Handoffs* : O número de handoffs deve ser minimizado. Um número excessivo de handoffs resulta numa QoS deficiente e em excessivas despesas de processamento, bem como em perda de energia, o que é um problema crítico nas EM com bateria limitada.

□ *Handoffs de Critérios MMtiPlplc* : A rede de acesso de destino deve ser escolhida de forma inteligente com base em múltiplos critérios. A identificação de uma AN correta evita handoffs desnecessários e frequentes.

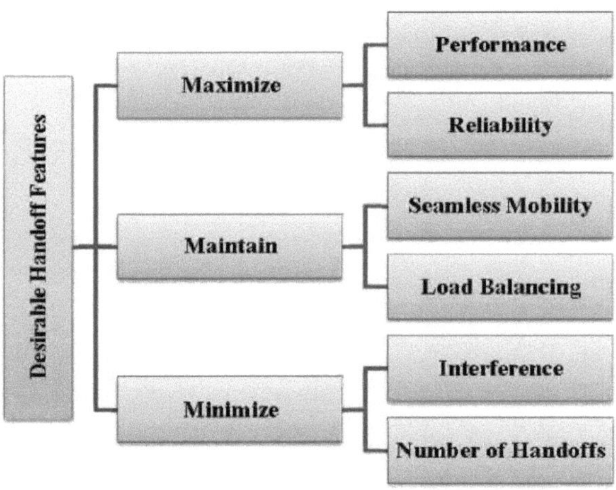

A Figura 0.3 [18] descreve várias caraterísticas desejáveis dos algoritmos de transferência

2.2.3 PROCESSO DE TRANSFERÊNCIA VERTICAL

A investigação sobre o handoff horizontal tradicional envolve decisões de handoff baseadas na avaliação manual do RSS medido no MS para apoiar as comunicações "Always Best Connected". Estes handoffs tradicionais são acionados quando o valor RSS da BS de serviço desce abaixo de um limiar especificado. Por outro lado, uma EM num ambiente sem fios heterogéneo pode deslocar-se entre diferentes redes de acesso com diferentes funcionalidades e caraterísticas (largura de banda, latência, consumo de energia, custo, etc.) que não podem ser diretamente comparadas. Assim, no caso de transferências verticais, o RSS em si não é suficiente para tomar decisões de transferência eficientes e inteligentes; devem também ser tidas em conta outras métricas do sistema, incluindo, entre outras, o custo, a carga e o desempenho da rede, a largura de banda disponível, a segurança e as preferências do utilizador. Por outro lado, a inclusão de múltiplas métricas aumenta a complexidade das decisões de transferência vertical e torna todo o processo mais difícil. Um handoff vertical é composto por três fases, como se segue [20]:

Descoberta de redes: Uma EM com várias interfaces activas pode descobrir várias redes sem fios com base em anúncios de serviços difundidos por essas redes sem fios. No entanto, manter todas essas interfaces activas o tempo todo pode afetar significativamente a energia da bateria da EM.

Desencadeamento e decisão do Handoff: Esta é a fase em que é tomada a decisão sobre "quando" efetuar o handoff. Nesta fase, a rede de acesso sem fios de destino é selecionada com base em vários critérios, tal como referido anteriormente.

Execução do Handoff: Esta é a última fase do processo de transferência vertical, em que ocorre a transferência efectiva da sessão atual para a nova rede de acesso. Isto exige que a rede atual transfira o mais rapidamente possível o encaminhamento e outras informações contextuais relacionadas com o MS para a rede de acesso recentemente selecionada.

2.3 CONCEITOS DE COBERTURA SEM FIOS AMEBIANA

Os modelos de propagação teóricos e empíricos mostram que a potência média do sinal recebido diminui logaritmicamente com a distância. Existem vários factores, para além da frequência e da distância, que influenciam as perdas encontradas pelos sinais propagados do PA para o MN. Para modelar com precisão uma área de cobertura sem fios, os factores que devem ser considerados são

·A altura da antena MN;

·A altura do PA em relação ao terreno circundante;

·A irregularidade do terreno (ondulação ou rugosidade);

· A utilização do solo nas imediações do MN: urbano, suburbano, rural, aberto, etc. Devido a estes efeitos, a região de cobertura não permanece circular, mas tem uma forma irregular e esta forma também muda com o tempo. Uma célula WLAN amebiana dará uma representação realista da cobertura sem fios na perspetiva do conceito de sombreamento. Existem três taxas de variação diferentes à medida que os sinais sem fios se propagam para longe do ponto de acesso: temos

(i) 1 PL(d)dB = P(transmissão)dB-P(receção)dB = PL(d0)+10b log(d=d0)+Rs , onde Rs é a variável aleatória gaussiana com desvio padrão, s e b é o expoente da perda de percurso.

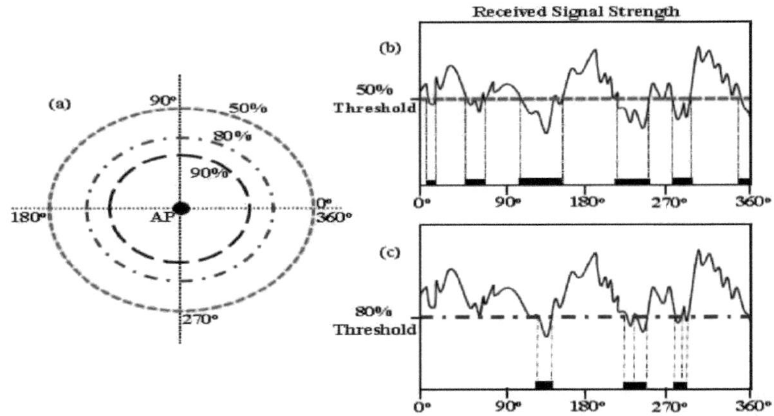

Figura 0.4: Regiões de cobertura para 50%, 80% e 90%

Figura 2.4: (a) Regiões de cobertura para 50%, 80% e 90%. (b) Intensidade do sinal recebido (RSS) enquanto se desloca ao longo do contorno de 50%. (c) RSS enquanto se desloca ao longo do contorno de 80%.

A variação muito lenta, designada por perda de percurso, que é uma função da distância entre o PA e o MN

(ii) Variação lenta, que resulta de efeitos de sombra,

(iii) Variação rápida, devida ao multipercurso. As variações de sinal causadas pelo multipercurso, no caso de se assumir que o sinal direto está totalmente bloqueado, são geralmente representadas por uma distribuição de Rayleigh [19]. A variabilidade lenta do sinal recebido devido ao sombreamento é geralmente assumida como seguindo uma distribuição gaussiana [19].

A Fig. 2.4 dá uma imagem mais clara do comportamento dos sinais sem fios numa área de cobertura com probabilidades de cobertura de 90%, 80% e 50%. Quando um MN se desloca ao longo de contornos como os mostrados na Fig. 2.4 (b) e (c), pode observar uma fraca intensidade de sinal nalgum local (ou locais), o que pode levar a uma má qualidade de voz (para telefonia vocal), a uma elevada taxa de erro de bits (BER) e a uma baixa taxa de dados (para transmissão de dados) [20]. Se a qualidade se tornar demasiado baixa durante um período de tempo mais longo, pode levar à interrupção da ligação. Estes desvios lentos do sinal devido à sombra seguem uma distribuição gaussiana e são dados como

$$f(r) = \frac{1}{\sigma\sqrt{2\pi}} \exp[\frac{-(r-\mu)^2}{2\sigma^2}] \quad (2.1)$$

Onde m é o valor médio e s2 é a variância da variável aleatória gaussiana r.

Suponhamos que temos o raio da célula WLAN, que é uma variável aleatória contínua

R com PDF, f (r), como mostra a Equação (2.1) e desejamos avaliar a expetativa E [g(R)] para alguma função g(r). Isto implica avaliar o integral

$$E[g(R)] = \int_{-\infty}^{\infty} f(r)g(r)dr \quad (2.2)$$

Uma vez que o integral não é facilmente tratável por métodos analíticos ou numéricos padrão, o estudo abordou-o através da simulação de realizações de r1, r2, r3, . . . rn de R, e uma vez que a variância é finita, aplicamos a lei dos grandes números para obter uma aproximação[19].

$$E[g(R)] \sim \frac{1}{n} \sum_{i=1}^{n} gi(r) \quad (2.3)$$

2.4 ARQUITECTURA DA TRANSFERÊNCIA INDEPENDENTE DOS MEIOS DE COMUNICAÇÃO (MIH)

O grupo IEEE propôs a norma IEEE 802.21, Media Independent Handover (MIH), para proporcionar uma transferência vertical sem descontinuidades e requisitos de QoS desejáveis em ambientes de rede heterogéneos [12]. Esta norma destina-se a fornecer uma interface genérica entre os utilizadores da camada de ligação na pilha de protocolos de gestão da mobilidade e as camadas de ligação específicas dos meios existentes, como as especificadas pelo 3rd Generation Partnership Project (3GPP), 3GPP2 e a família de normas IEEE 802 [21]. No entanto, em [22], as limitações da arquitetura MIH foram referidas do seguinte modo

·O processo de transferência baseia-se normalmente em medições e disparos iniciados a partir das camadas de ligação, o que não tem em conta a influência da aplicação e das informações sobre as preferências do utilizador na gestão da mobilidade.

·As informações de rede fornecidas pelo MIH carecem de flexibilidade, no sentido em que apenas são derivadas informações estáticas e menos dinâmicas.

O presente estudo visa resolver os problemas acima referidos através da implementação de um esquema de transferência vertical para decisões de transferência optimizadas que podem ser integradas na arquitetura MIH. A MIH fornece três serviços principais: Serviço de eventos independentes dos media (MIES), Serviço de eventos independentes dos media

Command Service (MICS) e Media Independent Information Service (MIIS) [21], como se pode ver

na Fig. 2.5

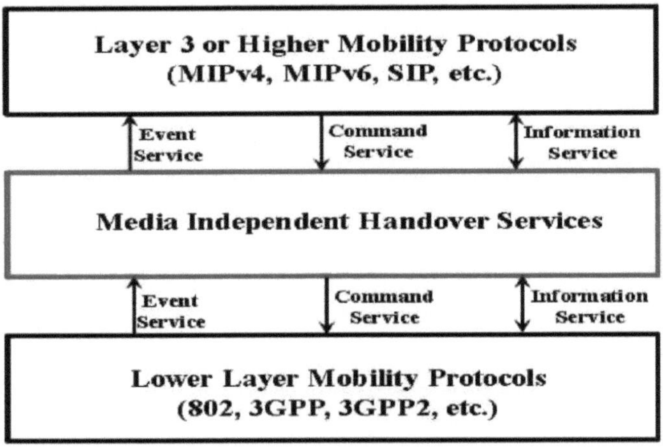

Figura 0.5 Serviços de transferência independentes dos meios de comunicação social

2.4.1 MEDIA INDEPENDENT EVENT SERVICE (MIES)

O serviço de eventos MIH (MIES) é responsável pela comunicação de eventos críticos da rede aos protocolos de mobilidade das camadas superiores. Estes eventos são utilizados pelas camadas superiores para determinar o instante ótimo de transferência [23]. Basicamente, comunica eventos depois de detetar, por exemplo, o estabelecimento de uma ligação, ligações interrompidas, rutura iminente de uma ligação [12, 21], etc. No entanto, a arquitetura MIH é limitada no que respeita às especificações sobre o modo como estes eventos podem ser desencadeados. Normalmente, os eventos são acionados quando o nível de intensidade do sinal recebido (RSS) desce abaixo de um limiar predefinido, mas a conceção deste limiar torna-se complexa devido ao efeito do desvanecimento.

2.4.2 SERVIÇO DE INFORMAÇÃO INDEPENDENTE DOS MEDIA (MIIS)

O Serviço de Informação Independente dos Meios de Comunicação Social (MIIS) proporciona um quadro através do qual uma função MIH, residente no MN ou na rede, descobre e adquire informações sobre a rede numa área geográfica para acelerar a seleção e a transferência de redes [23].

É responsável pela recolha de todas as informações necessárias para identificar se é ou não necessária uma transferência e, consequentemente, fornecê-las ao MN, por exemplo, redes disponíveis, localizações, capacidades, custos [12, 21], etc.

2.4.3 SERVIÇO DE COMANDO INDEPENDENTE DOS MEDIA (MICS)

O serviço de comando MIH (MICS) permite que as camadas superiores controlem as camadas física, de ligação de dados e de ligação lógica [23]. É responsável pela emissão dos comandos com base nas informações recolhidas pelo MIIS e pelo MIES, por exemplo, MIH handover initiate, MIH handover prepare, MIH handover commit e MIH handover complete [12, 21].

2.5.1 ESTIMATIVA DA NECESSIDADE DE TRANSFERÊNCIA (HNE)

O estudo propõe um método para estimar a necessidade de uma transferência. Propõe-se um modelo baseado em amebídeos que estende o modelo de círculo ideal utilizado em trabalhos anteriores [2, 3, 4, 5] para HNE. Yan et al. [3] e Hussain et al. [4] utilizaram a abordagem do tempo de permanência para desenvolver modelos que mantiveram a probabilidade de falha de transferência e de transferência desnecessária dentro de limites toleráveis, no entanto, o modelo em [3, 11] considerou um limite de [0;2 π] que estava errado e o modelo em [4] considerou o ângulo de chegada e de partida para se situar dentro do limite de [0; *π]*, mas era impraticável porque exigia informações precisas (sobre o ângulo tangencial de chegada do MN) do sistema.

O algoritmo proposto calcula um limiar de tempo com base em vários parâmetros de rede que incluem a informação sobre a probabilidade de falha de transferência ou de transferência desnecessária.

A expressão da probabilidade de falha de handover ou de handover desnecessário é feita através do desenvolvimento de um modelo matemático que assume que o raio da célula é estocástico e normalmente (Gaussiano) distribuído com média e variância definidas. A justificação para propor uma distribuição normal pode ser dada em termos do Teorema do Limite Central [19], uma vez que a atenuação total registada numa ligação sem fios resulta da soma de vários processos individuais de sombreamento que formam uma distribuição gaussiana.

Assume-se que a velocidade (v) do MN e a direção do movimento (0) estão uniformemente distribuídas dentro dos limites de $[v_{min};v_{max}]$ e [0; π], respetivamente. O tempo de viagem previsto é comparado com o limiar de tempo e só é necessário efetuar uma transferência se o tempo de viagem exceder o limiar predefinido.

2.5.2 ESTIMATIVA DA CONDIÇÃO DE ACTIVAÇÃO DA TRANSFERÊNCIA (HTCE)

Este método é proposto para ajudar a desencadear uma transferência quando o RSS da rede que serve atualmente está a diminuir. A investigação tem-se concentrado muito na otimização do processo de ativação da transferência para minimizar a quebra de ligação quando um nó móvel (MN) atravessa um ambiente sem fios heterogéneo. O grupo de trabalho IEEE 802.21 propôs um quadro MIH com uma funcionalidade de serviço de eventos responsável pela comunicação dos eventos após a deteção, por exemplo, do estabelecimento de uma ligação, de ligações quebradas, de uma quebra iminente da ligação [21], etc.

A MIH define a interface de comunicação, mas não fornece pormenores sobre o modo como os eventos devem ser desencadeados [21, 23]. Mohanty S. [5] propôs pela primeira vez o conceito de área de fronteira dinâmica para suportar a itinerância sem descontinuidades entre uma área de cobertura 3G e WLAN. O modelo em [5] foi capaz de minimizar as falhas de transferência, iniciando uma transferência a partir de uma determinada distância do limite da área de cobertura WLAN; no entanto, não foi tido em conta o desvanecimento no canal sem fios. Nguyen-Vuong Q. T. [10] apresentou uma expressão para o limiar de transferência adaptativa, mas suprimiu a parte de sombreamento do modelo, fazendo-a passar por um filtro passa-baixo. Abrar S. et al.[28] apresentaram um modelo capaz de manter a probabilidade de falha da transferência dentro de limites toleráveis. O trabalho [28] superou ligeiramente o trabalho de Mohanty S. [5], no entanto, a expressão para o limiar de distância de ativação não foi indicada e o efeito do desvanecimento foi negligenciado na conceção do modelo. Yan X. et al. [11] propuseram um ponto crítico para o desencadeamento de um handover. O trabalho em [11] apresentou um mecanismo para gerir um compromisso entre quebras de ligação e utilização da WLAN, adaptando-se dinamicamente à velocidade do MN. Erroneamente, este trabalho [11] considerou um limite [0; 2π] e também negligenciou o efeito do desvanecimento. No entanto, os modelos geométricos considerados não tinham uma forma realista de célula de cobertura. O HTCE proposto será capaz de manter a probabilidade de rutura da ligação abaixo dos limites desejáveis e proporciona ao utilizador o controlo do compromisso entre a probabilidade de rutura da ligação e a utilização da WLAN.

2.5.3 SELECÇÃO DO ALVO DA TRANSFERÊNCIA (HTS)

A seleção de uma rede óptima para efetuar a transferência num ambiente heterogéneo é uma tarefa complexa. Há muitos benefícios (tanto para os utilizadores como para os operadores) que decorrem do processo de otimização, alguns dos quais incluem: melhoria da QoS, minimização de transferências desnecessárias, equilíbrio da carga, prevenção de congestionamentos, etc. A seleção da rede é o processo pelo qual um MN ou uma entidade de rede seleciona uma rede disponível para estabelecer a conetividade da camada de rede [21]. Savitha K. et al. [31] utilizaram o método de ponderação aditiva simples (SAW) e o modelo de produto ponderado (WPM) para escolher a melhor rede de entre as redes de acesso disponíveis, mas apenas a largura de banda, o atraso, o jitter e o custo foram utilizados como métricas de desempenho. Omoniwa B. [30] utilizou a análise relacional cinzenta (GRA) para resolver eficazmente um problema de decisão com vários critérios, mas o objetivo era selecionar um robô ótimo com base em vários atributos de desempenho.

Neste trabalho, a GRA é utilizada devido à sua facilidade de cálculo e convergência. Considerámos um limite [0; π], uma vez que só existe a possibilidade de o MN se deslocar em qualquer metade da velocidade da célula de cobertura para chegar a uma decisão óptima. Além disso, uma nova métrica de desempenho (ou seja, o tempo de permanência estimado do MN) é utilizada juntamente com outros atributos de desempenho para selecionar a rede de acesso óptima.

2.5.3.1 SELECÇÃO DE REDES-ALVO MULTICRITÉRIOS (MCTNS) UTILIZANDO A GRA A teoria dos sistemas cinzentos foi introduzida por Deng Ju-Long em 1982 [30]. A teoria dos sistemas cinzentos baseia-se na noção de que um sistema é incerto e que a informação contida no sistema é inadequada para construir um modelo fiável que descreva o sistema [29]. Isto sugere que os modelos cinzentos são adequados para a previsão de eventos futuros em que os projectistas de sistemas podem utilizar dados muito limitados. Este estudo dará ênfase à GRA para selecionar uma rede-alvo óptima.

A GRA pode ser claramente dividida em quatro etapas, nomeadamente, a geração de relações cinzentas, a geração de uma sequência de referência, o cálculo do coeficiente de relações cinzentas e o cálculo do grau de relações cinzentas.

2.6 RESUMO

Neste capítulo, foi apresentado um levantamento exaustivo dos esquemas de transferência vertical existentes.

Foi também apresentada uma breve panorâmica da arquitetura MIH e do algoritmo GRA.

Estes trabalhos foram classificados em três categorias: Baseados em RSS, baseados em custos e outros trabalhos. A literatura de investigação existente não teve em conta o efeito do desvanecimento. Este trabalho de investigação centra-se nesta questão e fornece uma solução integrada para permitir uma decisão de transferência vertical óptima. No capítulo seguinte, é apresentado o enquadramento do esquema proposto.

CAPÍTULO 3

VISÃO GERAL DA TRANSFERÊNCIA VERTICAL (VHO)

3.1 INTRODUÇÃO

A integração de diferentes tecnologias de rede sem fios é necessária para proporcionar uma interoperabilidade, integração e convergência "sem descontinuidades" entre tecnologias heterogéneas e, por conseguinte, é necessária a utilização de técnicas VHO.

No que diz respeito à transferência horizontal e vertical, a Figura 3.1 ilustra os eventos de transferência horizontal e vertical. [19] referem-se à transferência horizontal como transferência intra-sistema e à transferência vertical como intersistema; outros autores [20] preferem os termos intra-domínio e extra-domínio, respetivamente. No entanto, considerando as redes baseadas no IP, quando a transferência ocorre dentro do mesmo domínio, é designada por micro mobilidade, enquanto a macro mobilidade indica que o dispositivo móvel atingiu um ponto de ligação (PoA) de um domínio diferente.

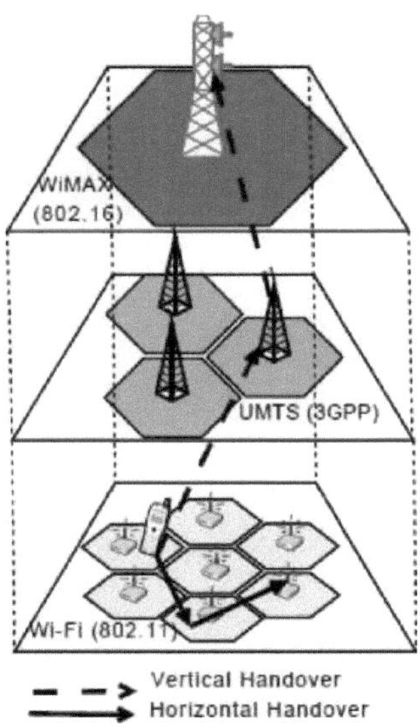

Figura 0.1 Ilustração dos processos de transferência horizontal e vertical.

As técnicas de Handover têm sido amplamente estudadas no domínio das comunicações celulares e a sua popularidade está a aumentar nas redes sem fios baseadas no IP [21].

A transferência é considerada "sem descontinuidades" quando é capaz de manter a conetividade de todas as aplicações em execução no dispositivo móvel, fornecendo um serviço de dados contínuo de ponta a ponta na mesma sessão durante a transferência, oferecendo baixa latência e perda mínima de pacotes.

Uma das primeiras abordagens para proporcionar uma conetividade sem descontinuidades entre redes heterogéneas surgiu no final dos anos noventa[18], apresentando uma implementação que reunia aspectos de IP móvel e de encaminhamento numa aplicação desenvolvida para gerir o processo de transferência. Esta implementação baseava-se na tecnologia disponível na altura, que considerava a IBM Infrared Wireless LAN, a AT&T Wave LAN e a Metricom Ricochet Network como tecnologias sem fios subjacentes in-building, campus e wide area, respetivamente. Estes primeiros estudos demonstraram que a transferência vertical é uma necessidade quando se lida com uma variedade de tecnologias.

Mais recentemente, surgiram vários trabalhos que abrangem o VHO entre tecnologias heterogéneas, incluindo: Universal Mobile Telecommunications System (UMTS) e Wireless Fidelity (Wi-Fi) [22], Long Term Evolution (LTE) e Wi-Fi [24], Wi-Fi e Wireless Broadband (WiBro) [25], Wi-Fi e Worldwide interoperability for Microwave Access (WiMAX) [26], WiMAX e UMTS [21], WiBro e UMTS [22], WiMAX e ZigBee [23], Wi-Fi e ZigBee [21] UMTS e ZigBee [25] ,WiMAX, Wi-Fi e UMTS [22], WiMAX e identificação por radiofrequência (RFID) [24], Wi-Fi e RFID [21], Bluetooth (BT) e Wi-Fi [22], tecnologias de comunicação de difusão como Digital Video Broadcasting (DVB) e Multimedia Broadcast/Multicast Service (MBMS) [21], ou mesmo UMTS e satélite de órbita terrestre baixa (LEO) [23]. Considerando as tecnologias de rede, a Tabela 3.1 mostra as tecnologias utilizadas pelas diferentes propostas. Como se pode observar, a maioria das propostas (75,21%) avalia o VHO utilizando apenas duas tecnologias, sendo que os restantes 24,79% das propostas consideraram três tecnologias.

Além disso, cerca de 44,44% das propostas centram-se na avaliação da viabilidade da VHO entre Wi-Fi e UMTS. A principal desvantagem desta grande variedade de soluções reside no facto de nenhuma propor uma abordagem única e homogénea que possa ser adaptada a todas as tecnologias sem fios disponíveis.

Propostas	%	Tecnologias de ligação em rede										
		Wi-Fi	WiMA	WiBro	UMTS	GPRS	Bluetoot	Ethernet	Zigbee	Satélite	RFID	LTE
Duas tecnologias												
Chunming Liu e Chi Zhou. Uma arquitetura de interfuncionamento melhorada para um acoplamento estreito UMTS-WLAN, S. Asadullah, A. Mahmoud e Abu M. Amara. Vertical	44.44	♣			♣							

handoff characterization for sip and mSCTP based UMTS-WLAN integration solutions,etc												
Phiri, Fredson, Murthy, e M. Arquitetura de interfuncionamento baseada no acoplamento estreito WLAN-GPRs com handoff vertical support	0.85	♣				♣						
Eun K. Paik, Si Y. Heo, Hanlim Kim, Jong S. Jin, Seong-Choon Lee e Sang H. Lee. Seamless Vertical Handover Using Multihomed Mobile Access Point	0.85			♣	♣							
T	três Techno	.ogias										
Thanachai Thumthawatworn e Anjum Pervez. Quadro de transferência baseado em regras a vários níveis para redes sem fios heterogéneas, e muitos outros	16.24	♣	♣		♣							
E. Stevens-Navarro e V. W. S. Wong. Comparação entre algoritmos de decisão de Hando_ vertical para redes sem fios heterogéneas	2.56	♣			♣	♣						

Tabela 3.1: Tecnologias de rede utilizadas nos estudos VHO

A comunidade de investigação tem vindo a desenvolver esforços significativos no sentido da convergência das diferentes tecnologias de redes sem fios. Como consequência, existem diferentes propostas que abordam cenários heterogéneos, protocolos, técnicas e algoritmos de handover, tecnologias de rede, métricas e procedimentos. Além disso, desde 2004, o grupo de trabalho IEEE 802.21 tem vindo a trabalhar no protocolo Media Independent Handover Services [80209], cujo objetivo é proporcionar uma interface funcional homogénea entre tecnologias de rede heterogéneas, oferecendo serviços de transferência normalizados entre as camadas inferior e superior. A norma IEEE 802.21 foi finalmente aprovada em novembro de 2008. No entanto, houve propostas e estudos iniciais que abordaram o desempenho da norma 802.21 e ofereceram melhorias em termos de eficácia do VHO [26]. Recentemente, existem poucos estudos e propostas sobre a norma IEEE 802.21 e o seu desempenho [23], bem como sobre a sua implementação real em sistemas operativos, dispositivos de telefones inteligentes [21] e dispositivos tablet [23].

Neste capítulo, fazemos um levantamento das propostas mais significativas encontradas na literatura sobre técnicas VHO, incluindo propostas independentes e normas.

Além disso, enfatizamos o processo de VHO do ponto de vista das redes veiculares (VNs), destacando as técnicas e algoritmos que melhor se adaptam a esse tipo de rede. Este levantamento pode ser útil para a comunidade de pesquisa, uma vez que a maioria das propostas na literatura apenas avalia técnicas específicas de VHO per se. Note-se que utilizamos o acrónimo VNs para nos referirmos a redes de área alargada em que os veículos estão interligados através de uma Estação Base (BS) ou Ponto de Acesso (AP), e não às Redes Ad-hoc Veiculares (VANETs), em que os veículos estão ligados entre si utilizando uma tecnologia sem fios de curto alcance.

3.2 VISÃO GERAL DA TRANSFERÊNCIA VERTICAL

Um processo de VHO preciso deve ter em conta e preocupar-se com a continuidade do serviço, a rede , a seleção da rede, a segurança, a gestão da energia do dispositivo e a qualidade do serviço (QoS) [23], concentrando-se sobretudo nesta última. Várias propostas [25] dividem o processo de VHO em três partes:

i) Recolha de informações sobre a transferência,

ii) Decisão de transferência, e

iii) Execução da transferência

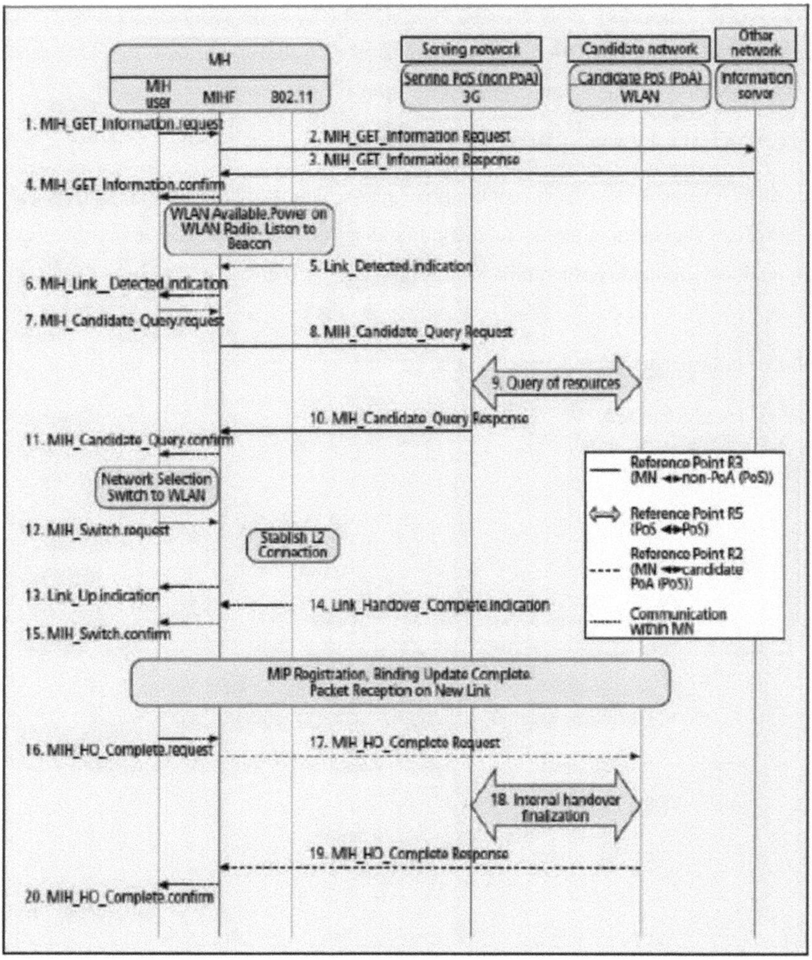

Figura 0.2: Exemplo de VHO IEEE 802.21 (fonte:[DLOBS+08]).

1.1.1 RECOLHA DE INFORMAÇÕES SOBRE A TRANSFERÊNCIA

A fase de recolha de informações sobre a transferência recolhe não só informações sobre a rede, mas também sobre os restantes componentes do sistema, como as propriedades da rede, os dispositivos móveis, os pontos de acesso e as preferências do utilizador. Por esse motivo, esta fase recebe diferentes nomes: Recolha de informação de Handover [21], Descoberta do sistema [29], Deteção do sistema [26], Iniciação de Handover, Descoberta de informação ou simplesmente Descoberta da rede. Nesta fase, a informação é recolhida para ser utilizada e processada para a tomada de decisões na fase de decisão de transferência. As informações normalmente recolhidas são as seguintes

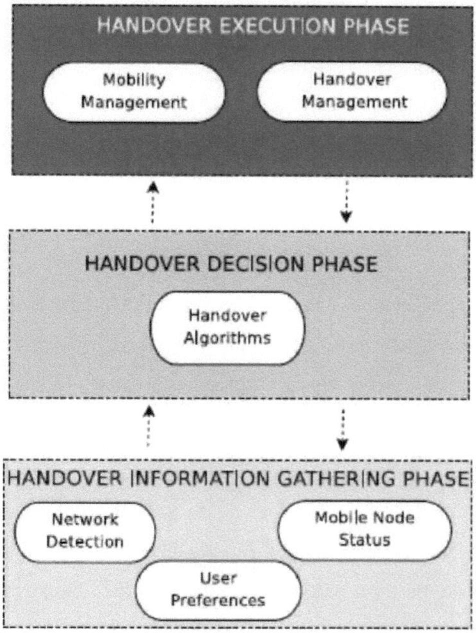

Figura 3.3: Procedimento de gestão da transferência.

Disponibilidade de ligações de rede vizinhas, fornecendo informações como débito, custo, rácio de perda de pacotes, taxa de transferência, intensidade do sinal recebido (RSS), rácio de sinal de ruído (NSR), taxa de informação comprometida (CIR), rácio sinal-interferência (SIR), rácio de erro de bits (BER), distância, localização e parâmetros de QoS. O estado do dispositivo móvel através da recolha de informações sobre o estado da bateria, recursos, velocidade e classe de serviço, informações sobre as preferências do utilizador, como o orçamento e os serviços necessários.

1.1.2 DECISÃO DE TRANSFERÊNCIA

A fase de decisão da transferência é um dos processos mais críticos durante a transferência. Esta fase é também conhecida como seleção do sistema, seleção da rede ou preparação da transferência [27]. Com base nas informações recolhidas, esta fase é responsável por decidir quando e onde acionar a transferência. A decisão "Quando" refere-se ao momento exato para efetuar uma transferência optimizada, enquanto a decisão "Onde" se refere à seleção da melhor rede que satisfaz os nossos requisitos para a transferência.

Num ambiente de rede homogéneo, a decisão sobre quando fazer a transferência depende normalmente dos valores de RSS, enquanto o onde não é um problema, uma vez que utilizamos a mesma tecnologia de rede (transferência horizontal). Em redes heterogéneas, a resposta a estas questões é bastante complexa. Para tomar a melhor decisão, as informações recolhidas devem ser avaliadas tendo em conta muitos parâmetros obtidos a partir das diferentes fontes de informação, ou seja, a rede, os dispositivos móveis e as preferências do utilizador. Os algoritmos de decisão de transferência vertical (VHDAs) são utilizados para ponderar e avaliar os parâmetros envolvidos em cada critério específico. Como exemplos de algoritmos que permitem avaliar multi-parâmetros cross-layers temos técnicas como a lógica fuzzy, redes neuronais e reconhecimento de padrões, entre outras.

1.1.3 EXECUÇÃO DA TRANSFERÊNCIA

Esta fase efectua a transferência propriamente dita; para além de efetuar a transferência, deve também garantir um processo de transição de sessão sem problemas. Para realizar a VHO, diferentes estratégias de transferência cooperam com a sinalização de controlo e os protocolos de gestão IP. Esta fase é normalmente conhecida como execução da transferência [31], mas também recebe o nome de avaliação da VHO [32], implementação do Handoff [30] ou realização do Handoff.

No que respeita às redes virtuais, o desempenho de cada fase deve centrar-se nas caraterísticas e particularidades distintivas deste tipo de redes. A fase de recolha de informação deve ter em conta o dinamismo da informação disponível nos dispositivos e na rede. Tomar decisões com base em informação altamente dinâmica com um determinado grau de mobilidade dos dispositivos

exige um algoritmo de decisão rápido e fiável. Por último, a execução do VHO deve ser cuidadosamente controlada para obter precisão, tendo em conta a localização geográfica, a rede selecionada e a hora exacta.

3.3 FASE DE RECOLHA DE INFORMAÇÕES SOBRE A TRANSFERÊNCIA

Para efetuar uma transferência "sempre na melhor ligação" [32], é recolhido um conjunto completo de informações que são fornecidas à fase de decisão. Para recolher as informações disponíveis de diferentes fontes, o dispositivo móvel analisa as redes circundantes para descobrir serviços, débitos de dados e consumo de energia. Como complemento à informação recolhida através da pesquisa, as redes podem também anunciar os seus serviços suportados e os parâmetros de QoS, enquanto a informação do dispositivo é também recolhida, ou seja, velocidade, estado da bateria, caraterísticas, etc. Por último, as informações relativas às preferências dos utilizadores são também um elemento relevante para o processo de decisão, sobretudo devido ao seu impacto na satisfação do utilizador final .

Camadas	Parâmetros
Aplicação	Preferências do utilizador (por exemplo, custo, fornecedor)
	Informação de contexto (por exemplo, velocidade)

	Informações de localização (por exemplo, geolocalização)
	Parâmetros QoS (por exemplo, largura de banda oferecida, atraso, jitter)
	Alertas de segurança (por exemplo, noti_cações)
Transporte	Carga da rede (p. ex., bw disponível)
	Rede Agentes estrangeiros disponíveis
	Pré-autenticação de rede
	Con_guração de rede
	Topologia da rede
	Informações de encaminhamento
Ligação de dados	Condições da rede de acesso via rádio
	Parâmetros de ligação
	Estado da ligação
Físico	Meios de acesso disponíveis

Quadro 3.2: Parâmetros de informação pertinentes para o processo VHO

A recolha de informação fiável é crucial para o processo VHO, uma vez que o processo de tomada de decisão se baseia nesses dados. O quadro 3.2 apresenta as informações que devem ser tidas em conta para maximizar os benefícios da tomada de decisões. Mostra claramente que as informações devem ser recolhidas em todos os níveis da pilha de protocolos, de modo a abranger todas as fontes de informação possíveis. Além disso, a Tabela 3.3 apresenta diversos parâmetros utilizados por diferentes autores nas suas propostas e trabalhos.

As diferentes propostas que abordam esta fase baseiam-se não só na monitorização de diferentes camadas, mas também na implementação de eventos e notificações acionadas. Attaullah et al.[33] apresentam um sistema de gestão de disparos que monitoriza e recolhe parâmetros de vários níveis. Do mesmo modo, os trabalhos [32] e [33] apresentam módulos denominados "Link Layer State" e "Network Connection Module", respetivamente, em que ambos executam a mesma tarefa de monitorização. Um processo baseado em xml é utilizado por um middleware de comunicação CORBA para recolher informação e notificar eventos em [34]. Seigneur et al. utilizam interfaces de programação de aplicações (API) de diferentes sistemas operativos para monitorizar o dispositivo e a rede, a fim de avaliar a exposição ao smog elétrico para acionar o VHO.

Várias propostas [32, 33, 34] baseiam-se no mecanismo MIIS oferecido pela norma IEEE 802.21

para esta fase, que permite a interação com um vasto conjunto de tecnologias sem fios de uma forma unificada. A norma 802.21 aborda a otimização da deteção e seleção de redes, fornecendo uma fonte de informação extensível e semanticamente definida para facilitar a tomada de decisões optimizadas em matéria de transferência.

O IEEE 802.21 oferece um protocolo de middleware denominado MIHF, capaz de encapsular as diferentes tecnologias de rede subjacentes (por exemplo, 802.3, 802.11, 802.16, 3GPP e 3GPP2) nas camadas superiores, permitindo que o processo de gestão da transferência funcione independentemente das camadas física e de ligação de dados.

Em redes veiculares heterogéneas, é importante ter em conta as condições ambientais ao realizar a VHO. Um elevado grau de mobilidade, bem como os padrões de mobilidade, afectarão significativamente a fiabilidade das medições e o tempo de decisão.

Por conseguinte, os padrões de mobilidade e a velocidade dos veículos devem ser cuidadosamente tomados em consideração. Além disso, as informações sobre o contexto e a localização também são importantes para efetuar uma transferência precisa nas redes de veículos. Estas informações podem ser obtidas a partir da unidade de bordo (OBU) do veículo.

3.4 FASE DE DECISÃO DE TRANSFERÊNCIA

A fase de decisão pode ser considerada como a fase central do VHO, uma vez que é responsável pela avaliação e decisão das escolhas de rede mais adequadas para satisfazer os requisitos do sistema e do utilizador, proporcionando assim as desejadas comunicações sem descontinuidades.

Para tomar uma decisão precisa, esta fase tira partido de algoritmos que, tendo em conta a informação disponível, efectuam um processo de avaliação de forma a obter a melhor escolha para a execução do handover. Estes algoritmos são normalmente designados por Vertical Handover Decision Algorithm (VHDA), ou simplesmente Vertical Handover Algorithms. Na literatura podemos encontrar várias propostas de VHDA. Algumas delas têm em conta, de forma simples, a tarefa de decisão de transferência, considerando apenas a informação das camadas inferiores fornecida pelo serviço de informação independente dos meios de comunicação; a maioria das propostas combina as métricas e os parâmetros dos diversos componentes para construir um algoritmo de transferência preciso entre camadas.

A fase de decisão consiste basicamente em três etapas:

1. Seleção de parâmetros.
2. Processamento de parâmetros.
3. Agregação de parâmetros.

A etapa de seleção de parâmetros tem em conta apenas os parâmetros que o algoritmo utiliza para avaliar e ponderar uma rede candidata. A etapa de processamento dos parâmetros permite normalizar todos os parâmetros; os valores dos parâmetros com informação difusa são fundidos utilizando várias técnicas, como a lógica difusa, redes neuronais e funções específicas, para extrair dados relevantes.

Finalmente, para tomar uma decisão, um algoritmo agrega e avalia o peso de cada parâmetro e, com base em alguns critérios de decisão, seleciona o melhor candidato. Embora o processo descrito se aplique à maioria das propostas, os autores normalmente modificam-no ligeiramente de acordo com as suas necessidades.

Com base nas estratégias de decisão e nos algoritmos analisados na literatura, classificámos os algoritmos de acordo com a taxonomia apresentada na Figura 3.4. Passamos agora a descrever em pormenor cada um destes algoritmos.

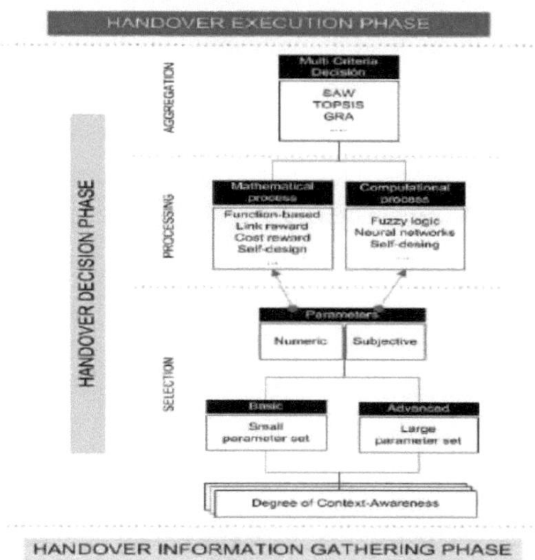

Figura 3.4: Taxonomia dos algoritmos de transferência vertical.

1.1.1 ALGORITMOS DE SELECÇÃO DE PARÂMETROS

Este tipo de algoritmos tira partido da informação de contexto, gerando conhecimento para tomar uma decisão exacta. Quaisquer alterações no contexto móvel e da rede desencadeiam eventos e processos, que são notificados à fase de decisão do VHO pela fase de recolha de informações. Dependendo do número de parâmetros selecionados para processamento, estes algoritmos podem ser considerados como: básicos ou avançados.

No que respeita a algoritmos avançados, Pawar et al. [35] apresentam uma plataforma de serviços móveis com um middleware consciente do contexto. Toma como parâmetros de origem do contexto as informações de viagem do utilizador, os serviços do dispositivo, os serviços de rede, as preferências do utilizador, as especificações do dispositivo e a hora. Uma vez recolhida a informação, um preditor de QoS efectua uma previsão do caminho para garantir a QoS de extremo a extremo. Toda a informação recolhida e prevista é avaliada segundo o algoritmo Analytic Hierarchy Process (AHP) (um algoritmo da família dos critérios múltiplos de decisão).

Este tipo de algoritmos será descrito na secção 3.5.3). Do mesmo modo, outros trabalhos apresentam uma arquitetura autónoma que avalia a informação de contexto através de uma combinação de múltiplos critérios e algoritmos baseados em políticas, a fim de tomar a melhor decisão. Lassoued et al. [36] apresentam uma metodologia de avaliação de VHO que combina diferentes algoritmos para afinar a decisão. Apesar dos diversos algoritmos utilizados, esta metodologia tem um núcleo sensível ao contexto para recolher e processar a informação.

Os algoritmos sensíveis à localização são um tipo básico de algoritmos sensíveis ao contexto. Estes algoritmos tomam como fontes de informação primárias os eventos desencadeados por mudanças no contexto, concentrando-se apenas nas mudanças de localização. O trabalho em [37] apresenta uma abordagem VHDA baseada na localização que combina informação de localização móvel e informação de rede de modo a evitar o efeito ping-pong relacionado com a realização de previsões nos limites das células sem fios, melhorando assim a latência VHO. Com este objetivo os autores introduzem um ciclo de histerese no processo de decisão, avaliando a localização do dispositivo móvel através do network good put, uma métrica baseada na largura de banda atribuída ao dispositivo para o serviço solicitado. Joe e Hong [35] apresentam uma solução VHDA de previsão de mobilidade baseada em dois esquemas de localização:

i) Um esquema de sector e zona, que consiste em dividir as zonas em vários sectores e prever a mobilidade com base em estatísticas para decidir o melhor candidato à rede, e

ii) Um esquema baseado na informação de localização do Sistema de Posicionamento Global (GPS).

Finalmente, a decisão é tomada com base na velocidade e no padrão de mobilidade do dispositivo móvel, independentemente do esquema utilizado para determinar o padrão. Do mesmo modo, o trabalho em [38] tem em conta a informação de localização do dispositivo com base no tempo de chegada do pacote e no RSS, uma métrica típica para a transferência horizontal. Uma vez recolhida a informação, esta é processada por um algoritmo de critérios múltiplos. Em [39], é apresentado um quadro para a VHO sensível à localização com base na gestão da localização GPS e em procedimentos de despertar. Este quadro também permite avaliar VHDA entre camadas, combinando algoritmos sensíveis à localização e algoritmos baseados na potência ou algoritmos baseados no temporizador de permanência.

O trabalho em [37] apresenta uma técnica VHO adaptativa baseada em padrões RSS preditivos. Por último, Kwon et al. [38] apresentam uma classificação dos algoritmos sensíveis à localização com base no RSS, na extrapolação do movimento, nos dados históricos, no padrão de mobilidade e na distância ao ponto de acesso.

1.1.2 ALGORITMOS DE PROCESSAMENTO DE PARÂMETROS

Os algoritmos de processamento de parâmetros são responsáveis pelo processamento dos parâmetros selecionados e pelo fornecimento das informações de entrada aos algoritmos de agregação de parâmetros.

Os trabalhos avaliados utilizam diversas funções para processar a informação, dependendo da sua natureza; por conseguinte, as funções utilizadas podem variar entre algoritmos puramente matemáticos e algoritmos computacionais.

1.1.2.1 ALGORITMOS MATEMÁTICOS

A maior parte dos algoritmos matemáticos são algoritmos de auto-conceção. Alguns autores propõem os seus próprios algoritmos de decisão auto-concebidos para satisfazer as suas necessidades de VHO com base nas informações disponíveis nos seus sistemas.

Stevens et al. [17] apresentam um algoritmo baseado em um Processo de Decisão de Markov (MDP) utilizando dois tipos de funções: uma função link-reward associada à QoS recebida pela conexão, e uma função sinalização-custo associada ao overhead de sinalização e à latência na execução do handover. Os autores avaliaram o desempenho do algoritmo utilizando tráfego de voz e de dados. Este algoritmo pode trabalhar em conjunto com a estrutura 802.21. Um trabalho também baseado em MDP é apresentado por Sharna et al. [SM10] com foco na estimativa de recompensas de links. Uma proposta avançada baseada em Cadeia de Markov Ponderada (WMC) é proposta por Martinez et al. [40]. O trabalho propõe duas abordagens de decisão Markov baseadas na agregação de classificações, em que é selecionada a rede com maior peso.

Este processo de seleção é semelhante à técnica MCDM para ordenar a preferência por semelhança com a solução ideal (TOPSIS), mas dispensa a comparação da rede ideal. Esta proposta também funciona em conjunto com o IEEE 802.21. Hasswa et al. [38] apresentam um algoritmo de função de decisão que permite aos utilizadores dar prioridade às redes disponíveis com base no desempenho da rede, nas preferências do utilizador e nos custos monetários. Com base em questões de encaminhamento, Liao et al. em [41] apresentam uma função de custo VHO para otimizar a latência VHO. Trabalhos como o de [42] também apresentam uma função de seleção de rede optimizada baseada em custos, assente num esquema adaptativo entre camadas que tem em conta parâmetros de diferentes camadas. É apresentada uma estrutura com uma função normalizada no seu módulo de decisão, que normaliza os valores de entrada em termos de RSS, QoS e preferências do utilizador para selecionar a melhor rede candidata. Uma função de pontuação é usada em um modelo de decisão inteligente para decidir a melhor interface de rede e o melhor momento para realizar o handoff. Este modelo de decisão toma uma decisão inteligente com base em vários factores, como as propriedades das interfaces de rede disponíveis, as informações do sistema e as preferências do utilizador.

1.1.2.2 ALGORITMOS COMPUTACIONAIS

Os algoritmos computacionais utilizam técnicas de lógica difusa e redes neuronais para interpretar informações imprecisas , embora os autores apliquem normalmente os seus próprios algoritmos para efetuar a tarefa de interpretação. Os algoritmos acima referidos requerem dados precisos para ponderar os atributos e tomar uma decisão exacta. No entanto, a informação recolhida é frequentemente imprecisa; para resolver este problema, são aplicadas técnicas de controlo difuso e redes neurais.

Normalmente, estes algoritmos são aplicados em primeiro lugar para converter dados imprecisos em dados exactos. Posteriormente, um algoritmo de tomada de decisão com critérios múltiplos (MCDM) é alimentado com estes dados para determinar a melhor escolha. Do mesmo modo, o trabalho combina processos de cação difusa com técnicas de análise relacional cinzenta (GRA). É apresentado um algoritmo baseado em fuzzy que combina a lógica fuzzy e um algoritmo baseado em funções de custo para tomar a melhor decisão. O trabalho apresenta uma avaliação e revisão dos algoritmos baseados em fuzzy tendo em conta parâmetros como o RSS, o custo e a largura de banda. A fim de melhorar a QoS de uma aplicação em tempo real, a proposta em[] combina um algoritmo baseado em fuzzy com um algoritmo baseado em regras para tomar uma decisão exacta.

Por último, [43] apresenta um algoritmo baseado no conhecimento de redes neuronais que utiliza informação imprecisa para classificar as alternativas.

Estes métodos podem ser úteis na combinação das diferentes fontes de informação para extrair informação relevante, uma vez que em ambientes móveis, como as RV, as altas velocidades fazem com que a informação recolhida tenha baixa fiabilidade. No entanto, a aplicabilidade deste tipo de algoritmos pode ser reduzida se os tempos de computação envolvidos se tornarem demasiado elevados.

1.1.3 ALGORITMOS DE AGREGAÇÃO DE PARÂMETROS

Uma vez que os mecanismos VHO têm em conta diversas métricas e parâmetros para avaliar as melhores redes candidatas, são necessários algoritmos capazes de lidar conjuntamente com múltiplos parâmetros e métricas, como mostra a Tabela 3.2. Consequentemente, os algoritmos de tomada de decisão com critérios múltiplos (MCDM) são adoptados para satisfazer este requisito, agregando todos estes parâmetros processados.

Os algoritmos MCDM incluem algoritmos baseados em múltiplos atributos ou múltiplos objectivos. Os algoritmos de tomada de decisão com múltiplos atributos (MADM) avaliam as diferentes alternativas com base nos seus atributos, enquanto os algoritmos de tomada de decisão com múltiplos objectivos (MODM) se centram em diversos objectivos que não podem ser alcançados simultaneamente. Ambos os tipos de algoritmos são geralmente designados por MCDM. Passamos agora a descrever sucintamente os algoritmos mais populares:

1.1.3.1 PROCESSO DE ANÁLISE HIERÁRQUICA (AHP)

Este tipo de algoritmos baseia-se no paradigma dividir-e-ganhar (também conhecido como dividir-e-conquistar). O problema de decisão principal é dividido em subproblemas, em que cada subproblema é avaliado como um fator de decisão. A partir do conjunto de soluções alternativas, o AHP encontra a solução mais óptima.

1.1.3.2 ANÁLISE RELACIONAL CINZENTA (GRA)

Este algoritmo matemático constrói uma relação cinzenta entre elementos (redes), um dos quais com os valores de qualidade ideais. Assim, os restantes elementos são comparados e avaliados em relação à solução ideal. A opção que melhor se aproxima desta solução ideal recebe a pontuação mais elevada.

Técnica para ordenar as preferências por semelhança com a solução ideal (TOPSIS)

À semelhança dos algoritmos GRA, os algoritmos TOPSIS consideram uma solução ideal para comparação de desempenho, considerando como melhor alternativa a que mais se aproxima da solução ideal e como pior a que mais se afasta dessa solução.

1.1.3.3 PONDERAÇÃO ADITIVA SIMPLES (SAW)

Os algoritmos SAW são frequentemente utilizados quando se aplica a MCDM. Esta técnica consiste em pontuar cada alternativa adicionando os valores dos atributos multiplicados pelo seu peso, de modo a pontuar a alternativa global, sendo a pontuação mais elevada a escolha mais óptima.

1.1.3.4 EXPOENTE DE PONDERAÇÃO MULTIPLICATIVA (MWE)

A MWE funciona de forma semelhante aos algoritmos SAW. Para pontuar a alternativa global, utiliza o produto ponderado de todos os atributos. Como este produto não tem um limite superior, é aconselhável comparar a pontuação com uma solução ideal.

3.5 FASE DE EXECUÇÃO DA TRANSFERÊNCIA

A terceira fase do processo VHO centra-se na execução. Esta fase encarrega-se de efetuar a própria

VHO. Assim, uma vez recolhida a informação na primeira fase e processada na segunda fase através da seleção do candidato à rede, a fase de execução desencadeia uma atualização da ligação à rede. Com este objetivo, esta fase preocupa-se com o controlo, a segurança, a sessão e a mobilidade, entre outras questões, de modo a realizar uma transferência sem descontinuidades.

De seguida, descrevemos brevemente os principais processos que participam nesta fase:

3.5.1 GESTÃO DA TRANSFERÊNCIA

No processo de transferência, deve haver uma entidade responsável pelo controlo do processo VHO. Normalmente, a transferência pode ser controlada pela rede ou pelo telemóvel.

No primeiro caso, é iniciado e controlado pela rede, uma solução que é normalmente adoptada pelos operadores para realizar tarefas de equilíbrio de carga e gestão do tráfego, entre outras. No segundo caso (controlado pelo telemóvel), o VHO é iniciado e controlado pelo dispositivo móvel. Este tipo de controlo é o caso mais comum, normalmente baseado nas preferências do utilizador.

Além disso, o VHO pode ser assistido pela rede, referindo-se ao VHO iniciado pelo dispositivo móvel mas assistido pela rede que utiliza os serviços de informação, ou assistido pelo telemóvel quando é iniciado pela rede mas assistido pelo dispositivo móvel.

Durante o processo de transferência, quando um dispositivo móvel chega a um novo ponto de ligação (PoA), o sistema pode executar procedimentos para gerir as ligações. Estes procedimentos executam normalmente tarefas de registo, associação, reassociação e dissociação.

3.5.2 GESTÃO DA MOBILIDADE

Uma das principais questões do conceito de transferência sem descontinuidades é a gestão da mobilidade. Nas redes baseadas no IP, os protocolos normalizados concebidos para a mobilidade tornam-se uma solução importante para manter a sessão ativa quando se pretende uma transferência sem descontinuidades. Estes protocolos funcionam normalmente nas camadas intermédias da pilha de protocolos TCP/IP.

Os protocolos mais comuns utilizados para a mobilidade em VHO são o Mobility support for Internet Protocol v.4 (MIPv4), o Mobility support for Internet Protocol v.6 (MIPv6), o Session Initiated Protocol (SIP), o Network Mobility Basic Support Protocol (NEMO) e o Host Identity Protocol (HIP).

É apresentado um estudo das diferentes técnicas de gestão da mobilidade em redes sem fios baseadas no IP. Estes trabalhos abrangem diferentes métodos entre camadas, bem como soluções específicas consoante a camada e a tecnologia sem fios.

É avaliado um esquema de transferência contínua proactiva baseado nas caraterísticas 802.21 e no SIP. Este esquema oferece uma autenticação proactiva para obter antecipadamente um IP e, graças à gestão SIP, manter a sessão ativa durante uma transferência contínua. Tendo em conta o SIP, Uddin et al. apresentam também uma solução que tem em conta as tecnologias ethernet e Wi-Fi. Além disso, Park et al. também baseiam a sua proposta na utilização do SIP. O trabalho combina a utilização do SIP e do Stream Control Transmission Protocol (SCTP) para manter a sessão num ambiente multi homing, tirando partido das caraterísticas multithreading do SCTP, apesar da retransmissão redundante que este último implica. Howie et al., bem como Boutabia et al., combinam a utilização do SIP na camada de aplicação e do MIP na camada de rede para fornecer uma aplicação móvel de super-rede capaz de efetuar transferências rápidas.

Wong etal propõem uma camada de middleware de identificação que separa a identificação do anfitrião da localização, permitindo assim que o anfitrião se desloque entre domínios sem interromper as sessões. Mahmound et al. [19] apresentam um estudo comparativo alargado do desempenho do VHO com base no SIP, no MIP e no Mobile Stream Control Transmission Protocol (mSCTP).

No que diz respeito à segurança, o trabalho efectua uma análise da mobilidade e do desencadeamento baseados em HIP utilizando um banco de ensaio de hardware/software para avaliar as técnicas VHO; os autores estudam também a forma como a mobilidade desencadeia uma latência ect. Vários trabalhos também consideram o HIP tanto para questões de mobilidade como de segurança. Latvakoski et al. avaliam o VHO centrado na VoIP num ambiente Ad-hoc com protocolos HIP e SIP para proporcionar uma comunicação continuamente segura.

Ao operar em ambientes veiculares, devem ser abordadas questões de latência e de segurança. Devido às caraterísticas das RV em termos de velocidade e de fiabilidade dos nós, a execução da VHO não deve acrescentar uma latência excessiva. Embora as soluções baseadas no IP móvel pareçam ser as mais naturais e adequadas, é necessário um exame mais aprofundado para avaliar qual a solução capaz de oferecer o melhor compromisso

3.6 ESTRATÉGIAS DE AVALIAÇÃO DA VHO

Nesta secção, descrevemos sucintamente as metodologias de avaliação de VHO mais representativas encontradas na literatura. Além disso, são também descritos os simuladores e os bancos de ensaio frequentemente utilizados nas diferentes propostas. Como já foi referido, a maioria das propostas não avalia as técnicas de VHO na perspetiva de uma VN; por conseguinte, a maioria dos trabalhos e ferramentas que se seguem avaliam a VHO noutros ambientes que não os das VN. No entanto, nesta secção, salientamos também a forma como alguns deles são capazes de avaliar a VHO num ambiente de VN, modificando ou adaptando os seus componentes às caraterísticas das VN.

3.6.1 METODOLOGIA DE AVALIAÇÃO

A avaliação do VHO feita por diferentes autores segue os seus objectivos de investigação específicos, pelo que os parâmetros de entrada, as metodologias e as métricas adoptadas são bastante heterogéneos. Esta desvantagem impede uma comparação justa entre as propostas, limitando assim a sua utilidade e dificultando a investigação neste domínio.

Como prova da heterogeneidade das métricas encontradas na literatura, a Tabela 3.3 mostra uma coleção de métricas recolhidas de diferentes trabalhos na literatura relacionada com o VHO. Como se pode observar, as métricas e os parâmetros são classificados por fonte de informação (ou seja, rede, preferências do utilizador, terminal móvel e o próprio VHO) e também pelo domínio de utilização (por exemplo, cobertura, segurança, localização, etc.). No entanto, algumas métricas são utilizadas não só como métricas de avaliação, mas também como parâmetros de entrada. Além disso, são utilizadas métricas diferentes para a avaliação dos mesmos parâmetros, ou simplesmente os mesmos parâmetros recebem nomes diferentes. Após uma extensa revisão da literatura atual, concluímos que existe uma falta de metodologias de avaliação que considerem métricas e métodos homogéneos. Tanto quanto sabemos, apenas Lassoued et al. [] apresentam uma tentativa de metodologia de avaliação. A sua metodologia tem em conta parâmetros e métricas relacionados com as camadas superior e inferior da arquitetura da transferência vertical, tais como o contexto atual, os modelos de mobilidade dos utilizadores, as preferências dos utilizadores, bem como as especificidades das tecnologias de acesso sem fios e os parâmetros de QoS. No entanto, a fim de evitar todas as questões indesejáveis e de unificar e clarificar conceitos, propomos agora um conjunto de métricas para harmonizar as avaliações neste domínio.

<table>
<tr><th>Fonte</th><th>Domínio</th><th>Métrica</th><th>Descrição</th><th>Utilizado como: Entrada Parâmetro</th><th>Utilizado como: Métrica de avaliação</th></tr>
<tr><td colspan="2" rowspan="2">Preferências do utilizador</td><td>Orçamento</td><td>Orçamento do utilizador para utilizar as redes</td><td></td><td></td></tr>
<tr><td>Rede preferida</td><td>Escolha do utilizador</td><td></td><td></td></tr>
<tr><td rowspan="3">Terminal móvel</td><td rowspan="3">Localização</td><td>Mobilidade, localização</td><td>Geolocalização ou Localização baseada em AP</td><td></td><td></td></tr>
<tr><td>Movimento</td><td>A mudança de direção do movimento</td><td></td><td></td></tr>
<tr><td>Velocidade, Velocidade</td><td>A velocidade de deslocação do terminal móvel</td><td></td><td></td></tr>
<tr><td rowspan="4">Transferência vertical</td><td rowspan="2">Ocorrência</td><td>Número de VHO</td><td>Eventos VHO realizados</td><td></td><td></td></tr>
<tr><td>Taxa de sucesso do VHO</td><td>O rácio de eventos VHO realizados com sucesso</td><td></td><td></td></tr>
<tr><td rowspan="2">Latência</td><td>Latência VHO</td><td>Tempo associado ao processo VHO</td><td></td><td></td></tr>
<tr><td>Latência de recolha</td><td>Tempo associado apenas à fase de recolha do VHO</td><td></td><td></td></tr>
</table>

		Latência de decisão	Tempo associado apenas à fase de decisão do VHO		
		Latência de execução	Tempo associado ao VHO		
			Apenas a fase de execução		
		Tempo de espera	O período durante o qual um processo VHO permanece parado para permitir a realização de outro processo		
	Rede	Perda de pacotes VHO	Pacotes não entregues durante o processo VHO		

Tabela 3.3: Parâmetros e métricas utilizados para o VHO

3.6.2 LATÊNCIA DE COMUTAÇÃO DE PONTA A PONTA

A latência extremo-a-extremo refere-se ao tempo necessário para entregar um pacote de dados da origem ao destino na VHO. Esta latência implica a latência da rede e a latência da transferência VHO, como mostra a Equação 3.1. Através desta métrica, é possível comparar propostas considerando não só o desempenho do algoritmo de decisão, mas também as condições e o desempenho da rede candidata escolhida.

$$\text{Latencye2e} = \text{LatencyNetwork} + \text{LatencyV HO} \qquad (3.1)$$

3.6.2.1 VHO LATÊNCIA

Esta métrica apenas tem em conta o tempo associado ao processo VHO propriamente dito, considerando as três fases do VHO: recolha de informação, decisão e execução. É definida da seguinte forma:

$$\text{LatencyVHO} = \text{LatencyGathering} + \text{LatencyDecision} + \text{LatencyExecution} \qquad (3.2)$$

3.6.1.2 PERDA DE PACOTES VHO

A simples comparação do tempo consumido pelo VHO não é suficiente. Na verdade, também é importante comparar a quantidade de pacotes que são descartados durante o processo de VHO. Essa métrica é descrita pela Equação 3.3

$$\text{Packet Loss}_{V\,HO} = \text{———} \qquad (3.3)$$

Note-se que a perda de pacotes deve ser calculada apenas para o período de tempo VHO

3.7 QUESTÕES DE INVESTIGAÇÃO EM ABERTO

Embora as técnicas de VHO tenham sido significativamente melhoradas nos últimos anos, há ainda várias questões que exigem uma análise mais aprofundada no que respeita ao VHO em ambiente de redes virtuais.

3.7.1 QUALIDADE DO SERVIÇO (QOS)

As aplicações que estão a ser executadas no dispositivo móvel exigem diferentes níveis de QoS. No entanto, fornecer a QoS necessária nas diferentes redes sem fios é um grande problema. Além disso, os elevados níveis de mobilidade colocam problemas ainda maiores. Para garantir a QoS, as técnicas de VHO devem considerar cuidadosamente a mobilidade veicular e as condições da rede, a fim de escolher a melhor rede candidata e efetuar uma transferência rápida.

3.7.2 QUALIDADE DA EXPERIÊNCIA (QOE)

Garantir a QoS não é suficiente para fornecer o melhor serviço possível aos utilizadores. A qualidade da experiência (QoE) é um conceito relacionado com a satisfação dos utilizadores, e a avaliação da QoE evidencia por vezes que um bom desempenho da rede não é sinónimo de satisfação total para os utilizadores finais. Assim, as questões relacionadas com as preferências dos utilizadores e os equipamentos móveis devem ser tidas em conta para conceber estratégias e técnicas de VHO.

3.7.3 SEGURANÇA

A segurança é uma das questões mais importantes em muitos domínios tecnológicos. Nas redes, a segurança sempre foi uma preocupação fundamental. Infelizmente, a norma IEEE 802.21 não contempla a segurança na norma principal, deixando esta área para ser tratada por outros protocolos, como o MIP, que coloca uma forte ênfase na segurança. Assim, para melhorar as técnicas VHO, devem ser adoptadas soluções de segurança robustas que possam ser utilizadas em redes heterogéneas, permitindo assim a segurança em qualquer altura e em qualquer lugar.

No entanto, recentemente, a alteração IEEE 802.21a normalizou os mecanismos para melhorar as questões de segurança quando o IEEE 802.21 está a ser aplicado.

3.7.4 ESFORÇO DE NORMALIZAÇÃO DO SECTOR E ALIANÇAS

A conceção e a aplicação da norma IEEE 802.21 constituem um grande passo no sentido de uma VHO sem descontinuidades entre redes sem fios heterogéneas. No entanto, as questões relacionadas com os operadores não são resolvidas por esta norma. A faturação e a fixação de preços para a utilização das redes pertencentes aos operadores, a gestão destas questões entre eles e entre os operadores e os utilizadores, devem ser resolvidas, pelo menos parcialmente, para facilitar a VHO e garantir a QoE e a QoS.

3.7.5 AVALIAÇÃO HOMOGÉNEA DE VHO

Como já foi referido, não existe uma metodologia de avaliação homogénea. Esta questão constitui um obstáculo à comparação de diferentes propostas. Por conseguinte, é necessária uma metodologia comum para que os investigadores, os criadores e os utilizadores possam comparar e avaliar facilmente as diversas técnicas de VHO existentes na literatura. Assim, a comunidade de investigação relacionada com a VHO deve unir esforços para publicar uma norma ou diretrizes sobre boas práticas para a avaliação da VHO.

3.8 RESUMO

Neste capítulo, descrevemos o processo VHO, as diferentes fases que fazem parte deste processo, bem como os procedimentos desencadeados em cada fase.

Além disso, analisámos o VHO na perspetiva das redes veiculares (VN) para avaliar o ramo de soluções que a conjugação de tecnologias sem fios e técnicas de VHO é capaz de oferecer para satisfazer as necessidades de conetividade na estrada. Além disso, classificámos o Algoritmo de Decisão de Transferência Vertical (VHDA) mais utilizado na literatura em diferentes conjuntos de algoritmos, dependendo principalmente da informação utilizada para tomar decisões e das técnicas utilizadas.

No que diz respeito às VN, consideramos que o protocolo MIHF deve ser tido em conta na conceção da arquitetura VHO. Devem ser utilizados algoritmos baseados em múltiplos parâmetros para selecionar a informação, de modo a tirar o máximo partido do contexto ambiental.

São apresentadas diferentes ferramentas para comparar as múltiplas possibilidades de VHO e para avaliar as técnicas de VHO mais adequadas a aplicar em ambientes VN.

Além disso, foram apresentadas as ferramentas mais adequadas para o estudo de VHO e VN. Ao avaliar uma proposta de VHO num banco de ensaio, o DRIVE oferece uma estrutura de carro com todas as funções.

Na simulação de sistemas VHO em RVs, podem ser utilizadas diversas ferramentas; no entanto, consideramos que o MATLAB, em conjunto com o Seamless and Secure Mobility, é uma ferramenta rápida e flexível que permite avaliar corretamente os processos VHO em ambientes RVs.

Na recolha de informações nas RV, é necessário ter em conta a previsão da mobilidade dos veículos e a velocidade dos mesmos, a fim de melhorar a eficácia da seleção na presença de condições de canal altamente dinâmicas. Além disso, o processo de decisão deve basear-se num algoritmo MCDM rápido para tomar uma decisão exacta e mudar para a melhor rede candidata num período de tempo muito curto . Por último, ao executar um VHO sem descontinuidades, é necessário obter latências baixas e níveis de segurança elevados.

CAPÍTULO 4

DECLARAÇÃO DO PROBLEMA E ESQUEMA PROPOSTO DE VH EM REDES HETEROGÉNEAS

4.1 INTRODUÇÃO

Este capítulo apresenta o enunciado do problema e o esquema proposto. Também discutiremos um novo esquema de transferência vertical, composto por três componentes: Estimativa da necessidade de transferência (HNE), seleção do alvo de transferência (HTS) e estimativa da condição de ativação da transferência (HTCE). Todos os parâmetros dos modelos para HNE e HTCE foram derivados de uma extensa análise geométrica e probabilística, enquanto a análise relacional de Grey (GRA) será utilizada para HTS. A abordagem proposta simula corretamente o comportamento real do MN que atravessa um ambiente sem fios heterogéneo.

4.2 DECLARAÇÃO DO PROBLEMA

Os algoritmos baseados em RSS são fáceis de implementar, no entanto, estes algoritmos são criticamente imperfeitos pelo desvanecimento lento [7]. Devido ao desvanecimento, é quase difícil prever o nível exato do RSS em locais específicos [8]. O sombreamento complica o planeamento celular e, como tal, os trabalhos anteriores não fizeram muito sentido para analisar o efeito do desvanecimento na tomada de decisões antes da transferência. O estudo apresenta um modelo geométrico de base amebiana que alarga os modelos de base circular ideal utilizados em trabalhos anteriores, analisando o efeito do desvanecimento.

Estão a ser feitos esforços significativos de investigação para permitir uma transferência vertical óptima, mas a tarefa de permitir uma mobilidade sem descontinuidades em diversas redes de acesso é extremamente difícil.

Para o conseguir, são importantes não só a execução da transferência, mas também as decisões prévias à transferência (HNE, HTCE e HTS). Os trabalhos existentes são imperfeitos para a otimização destas decisões pré-handover, partindo da hipótese de que a região de cobertura é perfeitamente circular. O estudo irá alargar os modelos existentes através da análise dos efeitos de desvanecimento e visa otimizar HNE, HTCE e HTS num cenário realista.

4.3 ESQUEMA PROPOSTO

Pode haver uma sobreposição considerável nas áreas de cobertura adjacentes das redes sem fios. É desejável alguma sobreposição para suportar a transferência quando um MN se desloca de uma área de cobertura para outra durante uma chamada ou sessão em direto. A gestão da mobilidade permitiu que os MN mantivessem as suas sessões em curso, nomeadamente quando se deslocam entre diferentes redes de acesso

[12]. A transferência vertical é descrita como a transferência entre dois nós de acesso de duas tecnologias diferentes e, uma vez que cada tecnologia tem o seu próprio problema de mobilidade, é necessária uma gestão eficiente da transferência em redes heterogéneas. A hierarquia da gestão da transferência num ambiente de rede heterogéneo é apresentada na Fig. 2.6. Nesta tese, é desenvolvido um esquema de transferência vertical para proporcionar uma mobilidade sem descontinuidades e uma QoS desejável para os utilizadores móveis.

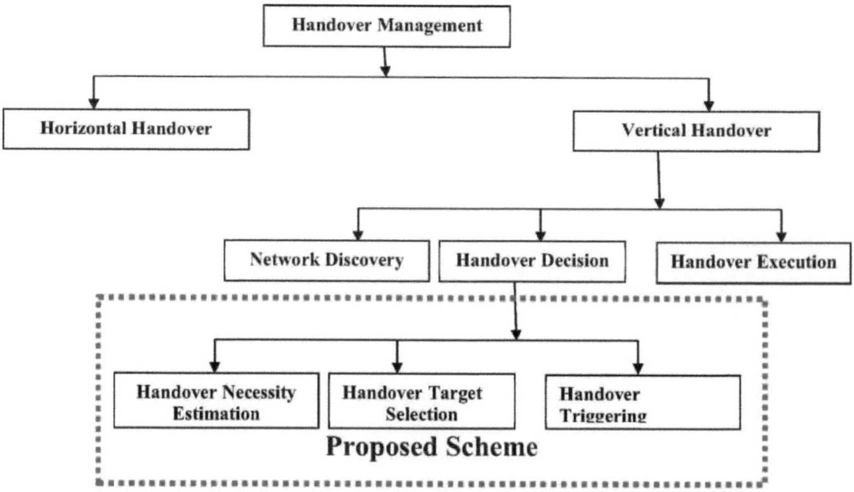

Figure 0.1: Hierarchy of handover management in a heterogeneous network environment

4.4 ESTIMATIVA DA NECESSIDADE DE TRANSFERÊNCIA

O trabalho assume que, quando um MN se encontra na área de cobertura da sua atual rede de acesso, adjacente a uma célula WLAN, pode entrar na área limite da célula WLAN em qualquer ponto, PA, e deslocar-se ao longo do caminho $|P_A P_D|$, saindo de qualquer ponto, PD, na fronteira de cobertura (como se mostra na Fig. 4-1). Assumimos ainda que a velocidade, v, do MN é uniformemente distribuída em $[v_{min};v_{max}]$. Assume-se que o raio da célula é estocástico e normalmente (gaussiano) distribuído com uma média e uma variância definidas. A justificação para a utilização de uma distribuição normal pode ser dada em termos do teorema do limite central [19], uma vez que a atenuação total registada numa ligação sem fios resulta da soma de vários processos individuais de sombreamento que formam uma distribuição gaussiana.

O ângulo de chegada, $\Theta_{(A)}$, e o ângulo de partida, $\Theta_{(D)}$, são assumidos como uniformemente distribuídos dentro do limite de Θ e expressamos o ângulo entre as posições aleatórias de P_A e P_D como $\Theta=|\Theta_{(D)} - \Theta_{(A)}|$. Neste trabalho, é considerada uma área de cobertura realista da célula WLAN com uma estrutura amebiana.

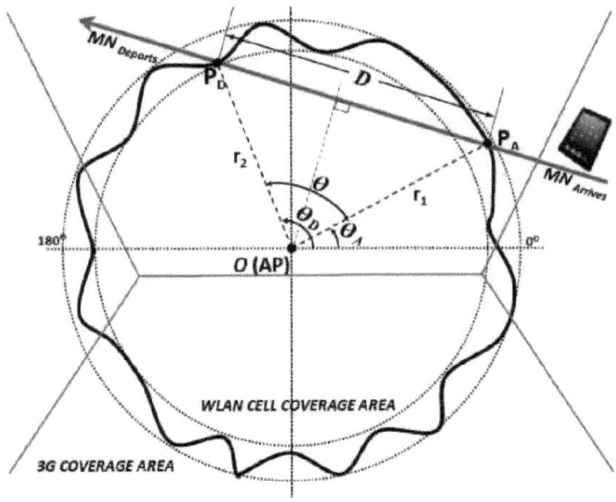

Figura 0.2: Um nó móvel que entra numa área de cobertura WLAN amebiana.

Como só existe a possibilidade de o MN entrar e sair da área de cobertura em qualquer meia secção da Fig. 4-1, derivamos uma expressão para calcular a função de distribuição de probabilidade (PDF) de Θ. A PDF da chegada e da partida do MN da cobertura WLAN nos pontos PA e PD, respetivamente, é dada por

$$f_{\Theta_A}(\theta_A) = \begin{cases} \frac{1}{\pi}, & 0 \leq \Theta_A \leq \pi, \\ 0, & \text{otherwise} . \end{cases} \quad (4.1)$$

$$f_{\Theta D}(\theta_D) = \begin{cases} \frac{1}{\pi}, & 0 \leq \Theta_D \leq \pi, \\ 0, & \text{otherwise} . \end{cases} \quad (4.2)$$

Uma vez que os pontos de chegada e de partida dos nós móveis são independentes, a PDF conjunta é, por conseguinte, dada como o produto das suas funções marginais individuais.

$$f_{\Theta_A,\Theta D}(\theta_A, \theta_D) = \begin{cases} \frac{1}{\pi^2}, & 0 \leq \Theta_A, \Theta_D \leq \pi, \\ 0, & \text{otherwise} . \end{cases} \quad (4.3)$$

Podemos agora utilizar a PDF de Θ para calcular a PDF do tempo de deslocação do MN, tWLAN. Utilizando a fórmula do cosseno, formulamos uma expressão geométrica da distância de deslocação, D, a partir da Fig. 4-1

$$D=\sqrt{r_1^2 + r_2^2} - 2r_1r_2 \cos\theta \quad (4.4)$$

A distância de deslocação através da célula WLAN, D, depende do ângulo de deslocação θ

$$tWLAN = g(\theta) = \frac{\sqrt{r_1^2+r_2^2-2r_1r_2\cos\theta}}{v} \quad (4.5)$$

Onde, r1 e r2 são as distâncias do MN ao ponto de acesso no momento da entrada e da saída da região de cobertura, respetivamente.

4.4.1 PROBABILIDADES DE TRANSFERÊNCIA

Para que a transferência desnecessária e a falha de transferência se situem dentro de limites satisfatórios, é imperativo encontrar dois valores-limite de tempo, N e M, que correspondam aos valores da decisão de transferência para a transferência desnecessária e a falha de transferência, respetivamente. A fim de manter a transferência desnecessária e a falha de transferência dentro de limites, a transferência só será iniciada se o tempo de travessia previsto através da célula WLAN exceder o valor limiar correspondente.

4.4.1.1 PROBABILIDADE DE TRANSFERÊNCIA DESNECESSÁRIA

Este trabalho tenta minimizar o número de transferências desnecessárias. Para o efeito, calcula-se o valor-limite de tempo, N, e evitam-se as tentativas de transferência para as quais o tempo de passagem pela rede de destino é inferior a este valor-limite. Diz-se que ocorre uma transferência desnecessária quando o tempo de travessia de um MN numa célula WLAN é inferior à soma do tempo de transferência para dentro (τ_A) e para fora (τ_D) da área de cobertura WLAN [4].

Utilizamos agora a PDF do tempo de travessia para obter uma expressão para a CDF do tempo de travessia, P_u.

$$P_u = \begin{cases} P_r[N < T \leq \tau_T], & 0 \leq T \leq \frac{(r_1+r_2)}{v}, \\ 0, & otherwise \end{cases} \quad (4.6)$$

4.5 ESTIMATIVA DA CONDIÇÃO DE ACTIVAÇÃO DA TRANSFERÊNCIA

Nesta secção, apresentamos um método de estimativa da condição de ativação da transferência (HTCE) que tenta estimar o ponto ótimo de ativação da transferência em que um MN terá de iniciar uma transferência da sua atual rede de acesso (WLAN) para a rede celular 3G. O HTCE ajuda a obter o melhor momento para iniciar uma transferência, a fim de evitar quebras de ligação e maximizar a utilização da rede preferida. A Fig. 4-2 mostra o trajeto de um MN que se desloca numa zona em que está disponível um serviço de rede celular 3G e parcialmente coberto por uma célula WLAN. Quando o MN se aproxima do limite (no ponto de saída) da zona de cobertura WLAN, é necessário desencadear uma transferência para reduzir ao mínimo a probabilidade de quebra de ligação. A probabilidade de quebra de ligação é o rácio entre o número de quebras de ligação e o número total de transferências. Dependendo dos requisitos definidos pelo projetista do sistema, o limiar de disparo do RSS é normalmente definido para manter o número de de ligação dentro de limites toleráveis. A partir da Fig. 4-2, como o MN se aproxima do limite da célula WLAN, é melhor que uma transferência seja acionada no ponto Ps, porque se o MN se deslocar para além deste ponto, o RSS da WLAN desce abaixo de um limiar, RSSThresh.

O trabalho também assume que, quando um MN se encontra na área de cobertura da sua atual rede de acesso, adjacente a uma célula WLAN, pode entrar na área limite da célula WLAN em qualquer ponto, PA, e deslocar-se ao longo do caminho |PAPD|, saindo de qualquer ponto, PD, na fronteira de cobertura (como se mostra na Fig. 4-2). Para obter o ponto apropriado, Ps, para desencadear a transferência, é necessário determinar o raio da área de cobertura interna em forma de amebiana, como mostra a Fig. 4-2. Este raio varia com o tempo devido à natureza estocástica do meio sem fios.

Diz-se que ocorre uma quebra de ligação se o tempo de travessia na área de fronteira for inferior ao atraso de transferência da WLAN para a rede celular. As medições RSS são amplamente utilizadas para estimar a distância devido ao facto de não exigirem hardware adicional, no entanto, o sombreamento degrada significativamente a precisão da estimativa [13].

Este estudo integra o efeito do desvanecimento da sombra na estimativa da condição de ativação da transferência de um MN que atravessa uma WLAN para uma área de cobertura celular 3G. Finalmente, aplicando o modelo de perda de trajetória log-distância [26], o RSSThresh é expresso como

$$RSS_{Thresh} = P\ (transmit) - PL\ (d0) - 10\beta\ \log_{10}(r_s = d_0) + R\sigma \qquad (4.7)$$

Em que P (transmitir) é a potência de transmissão do PA WLAN em dBm, d0 é a distância entre o PA e um ponto de referência, PL (d_0) é a perda de percurso no ponto de referência em dB, β é o expoente da perda de percurso e Rσ é uma variável aleatória de distribuição gaussiana com uma média de zero e um desvio padrão, em dB.

4.5.1 OPTIMIZAÇÃO DE HTCE

A transferência deve ser iniciada quando o nível de RSS da rede de acesso de serviço desce abaixo do limiar de transferência, RSSThresh. Devido ao efeito limitador da estimativa das condições de ativação, apresentamos um limiar de transferência adaptável que considera o efeito da sombra para garantir uma transferência sem descontinuidades quando um MN se desloca de uma WLAN para uma área de cobertura 3G.

A transferência sem descontinuidades é uma função do limiar de transferência, RSSThresh, pelo que o valor de RSSThresh deve ser determinado com exatidão para evitar a quebra de ligação e a perda de pacotes de dados na zona limítrofe da rede de acesso que serve.

4.6 SELECÇÕES DE ALVOS DE TRANSFERÊNCIA

Nesta secção, foram considerados dois casos de estudo para a implementação do procedimento GRA A Fig. 4-3 mostra um MN a atravessar um ambiente heterogéneo. No ponto S, o nó MN está ao alcance de diferentes redes de acesso disponíveis. A seleção da rede de acesso óptima para a transferência torna-se um grande desafio. Este problema só pode ser resolvido através de um algoritmo de seleção multi-critério. Assim, o estudo apresenta a implementação do procedimento GRA através de exemplos.

4.6.1 ABORDAGEM DE ANÁLISE RELACIONAL CINZENTA

O procedimento GRA proposto é aplicado para fornecer uma base para um processo de decisão de seleção de rede mais rápido e preciso. As simulações computacionais serão efectuadas utilizando o MATLAB. Ambos os exemplos tratam da seleção de uma rede de acesso óptima num ambiente heterogéneo. Os dados utilizados serão experimentais e podem variar em relação a cenários reais. São utilizados apenas para ilustrar o procedimento GRA na presença de múltiplas redes de acesso.

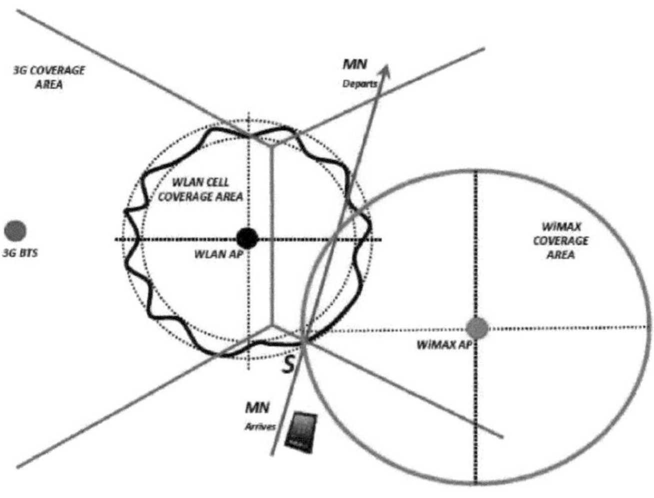

4.¾igura 0.3: Um nó móvel a fazer uma seleção de alvo

O primeiro exemplo considera três redes de acesso disponíveis (WLAN, WiMAX e 3G) e cinco atributos de desempenho (custo, atraso, taxas de dados, tempo de permanência6 , QoS). Destes cinco7 , o custo e o atraso são atributos de desempenho não vantajosos, enquanto os outros são vantajosos. Quadro 4.1

mostra a matriz de decisão de seleção da rede com vários parâmetros de diferentes unidades SI.

Rede de acesso	Custo ($=MB)	Atraso (ms)	Taxa de dados (Mbps)	Tempo de espera (min)	QoS (1-5)
WLAN	0.20	132.00	12.00	5.00	4.00
WiMAX	0.40	140.00	8.00	8.00	3.00
3G	1.30	162.00	2.00	15.00	2.00

Tabela 4.1: Matriz de decisão de seleção da rede para o estudo de caso 1

Na Tabela 4.2, o estudo atribuiu um valor de referência ótimo de 100%, X0 = [1;1;1;1;1] para os cinco atributos de desempenho.

Rede de acesso	Custo ($=MB)	Atraso (ms)	Dados Taxa (Mbps)	Tempo de espera (min)	QoS (1-5)
REF. X0	1.0000	1.0000	1.0000	1.0000	1.0000
WLAN	1.0000	1.0000	1.0000	0.0000	1.0000
WiMAX	0.5775	0.9091	0.6000	0.3636	0.6667
3G	0.0000	0.0000	0.0000	1.0000	0.0000

Tabela 4.2: Matriz de decisão normalizada para o estudo de caso 1

O estudo utilizou um coeficiente de distinção *(ζ)* de 0,5 para calcular o GRC. A Tabela 4.3 mostra os resultados obtidos.

Rede de acesso	Custo ($=MB)	Atraso (ms)	Taxa de dados (Mbps)	Tempo de espera (min)	QoS (1-5)
WLAN	1.0000	1.0000	1.0000	0.3333	1.0000
WiMAX	0.5420	0.8462	0.5556	0.4400	0.6000
3G	0.3333	0.3333	0.3333	1.0000	0.3333

Tabela 4.3: Matriz de coeficientes relacionais cinzentos para o estudo de caso 1

G(X0; Xi), o resultado é apresentado no Quadro 4.4.

Rede de acesso	G(X0;Xi)	Classificação GRA
WLAN	0.8667	1st
WiMAX	0.5967	2nd

3G	0.4667	3rd

Tabela 4.4: Classificação GRA para o Estudo de Caso 1

4.4.1.2 ESTUDO DE CASO DOIS

Para aprofundar a rapidez e a eficiência da abordagem GRA, o estudo considera outro caso de estudo com cinco redes disponíveis (ou seja, duas WLAN, duas WiMAX e uma rede 3G) e seis atributos de desempenho (ou seja, custo, atraso, taxa de dados, tempo de permanência, Qos observáveis e valores RSS), como se pode ver na Tabela 4.5. De todos os atributos de desempenho considerados, apenas o custo e o atraso não são vantajosos (quanto mais baixo for o valor, melhor). As etapas da GRA são implementadas nos dados e os resultados são apresentados nas tabelas 4.6, 4.7 e 4.8.

Rede de acesso	Custo ($=MB)	Atraso (ms)	Taxa de dados (Mbps)	Tempo de espera (min)	QoS (1-5)	RSS (dBm)
WLAN1	0.20	130.00	8.00	2.00	5.00	98.00
WLAN2	0.20	138.00	6.00	4.00	5.00	90.00
WiMAX1	0.40	132.00	10.00	13.00	4.00	72.00
WiMAX2	0.40	140.00	8.00	10.00	4.00	85.00
3G	1.62	160.00	2.00	14.00	2.00	101.00

Quadro 4.5: Matriz de decisão de seleção da rede para o estudo de caso 2

Na Tabela 4.6, o estudo definiu um valor de referência ótimo de 100%, X0= [1;1;1;1;1;1;1;1;1] para os seis atributos de desempenho.

Rede de acesso	Custo ($=MB)	Atraso (ms)	Taxa de dados (Mbps)	Tempo de espera (min)	QoS (1-5)	RSS (dBm)
REF. X0	1.0000	1.0000	1.0000	1.0000	1.0000	1.0000
WLAN1	1.0000	1.0000	0.7500	0.0000	0.1034	1.0000
WLAN2	1.0000	0.7333	0.5000	0.3793	0.1667	1.0000
WiMAXl	0.8592	0.9333	1.0000	0.9167	0.6667	1.0000
WiMAX2	0.8592	0.6667	0.7500	0.6667	0.6667	0.5517
3G	0.0000	0.0000	0.0000	1.0000	0.0000	0.0000

Tabela 4.6: Matriz de decisão normalizada para o estudo de caso 2

O estudo utiliza igualmente um coeficiente de distinção ((z)) de 0,5 para calcular o coeficiente de relação cinzenta. A tabela 4.7 apresenta os resultados obtidos. O cálculo para G(xo; xi) foi

Rede	Custo ($=MB)	Atraso (ms)	Taxa de dados (Mbps)	Tempo de espera (min)	QoS (1-5)	RSS (dBm)
WLAN1	1.0000	1.0000	0.6667	0.3580	1.0000	0.3333
WLAN2	1.0000	0.6522	0.5000	0.3750	1.0000	0.4462
WiMAXl	0.7802	0.8824	1.0000	0.8571	0.6000	1.0000
WiMAX2	0.7802	0.6000	0.6667	0.6000	0.6000	0.5273
3G	0.3333	0.3333	0.3333	1.0000	0.3333	0.3333

Tabela 4.7: Matriz do coeficiente relacional cinzento para o estudo de caso 2 e o resultado é apresentado na Tabela 4.8.

Rede de acesso	Γ(x<bxi)	Classificação GRA
WLAN1	0.7263	2nd
WLAN2	0.6622	3rd
WiMAX1	0.8533	1st
WiMAX2	0.6290	4th
3G	0.4444	5th

Tabela 4.8: Classificação GRA para o Estudo de Caso 2

4.5 RESUMO

Neste capítulo, foi utilizada uma análise geométrica e probabilística exaustiva para determinar os limiares de transferência adequados para HNE e HTCE. O método HNE calcula os limiares com base em vários parâmetros da rede, que incluem o raio de variação aleatória das células, a latência da transferência, o ângulo de deslocação, θ, a velocidade do MN. O método HTCE calcula o limiar RSS para desencadear uma transferência com base na variação aleatória do raio da célula, na latência da transferência, na velocidade do MN e na tolerância à quebra de ligação. Na abordagem HTS proposta, o algoritmo GRA foi aplicado em dois casos de estudo diferentes e utilizado para selecionar uma rede de acesso óptima para efetuar uma transferência com base em determinados critérios de desempenho.

CAPÍTULO 5

RESULTADOS E DISCUSSÃO

5.1 INTRODUÇÃO

Para avaliar os algoritmos propostos no Capítulo 4, desenvolvemos uma estrutura de simulação capaz de reproduzir, via simulação, esquemas de redes heterogéneas. Além disso, neste Capítulo, apresentamos não apenas a avaliação de desempenho do Vertical Handover (VH), mas também a experimentação prévia para dar suporte aos algoritmos supracitados. Assim, avaliámos inicialmente a viabilidade da entrega de conteúdos através de Redes Veiculares (RV), com base na informação recolhida nessas experiências, pudemos avaliar o VH proposto sob um contexto e esquema apropriados, este capítulo apresenta resultados de simulação do esquema proposto. Os resultados para HNE, HTCE e HTS foram obtidos utilizando a figura MATLAB abaixo é o fluxograma.

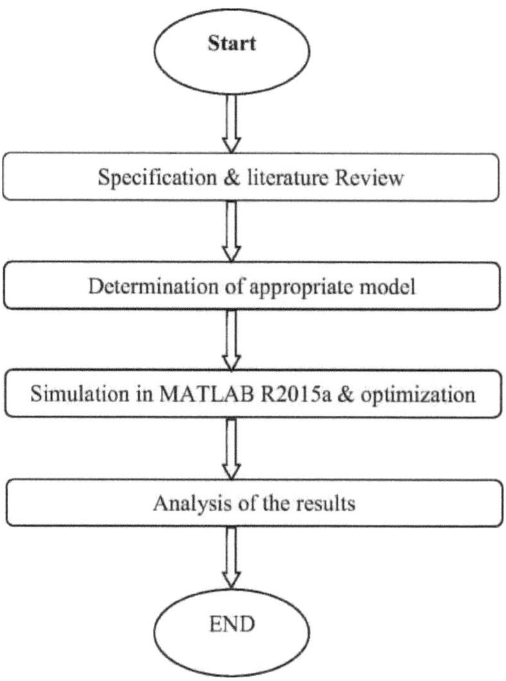

5.2 RESULTADOS PARA HNE

Para avaliar o modelo HNE proposto, o estudo foi efectuado utilizando o MATLAB, a fim de garantir um desempenho preciso. Para efeitos de validação, simulámos também o desempenho do modelo proposto juntamente com o de outros esquemas de previsão de tempo de transferência vertical mais avançados. As Fig. 5-1 e 5-2 mostram os gráficos da probabilidade de transferência desnecessária, P_u, e da probabilidade de falha de transferência, Pf, em função da velocidade do MN, v. A partir dos gráficos, observa-se que, à medida que a velocidade do MN aumenta, a probabilidade de transferência desnecessária e de falha de transferência aumenta e afasta-se do nível projetado. Isto implica que a velocidade tem um impacto na previsão dos valores-limite, que são obtidos utilizando este modelo probabilístico. Este desvio nas probabilidades de falha de transferência e de transferência desnecessária está em conformidade com os trabalhos existentes [2, 3, 4 e 5].

Os resultados mostram que o modelo proposto tem um desempenho próximo do método de aproximação linear utilizado em [2], que considerou uma célula de cobertura circular. O nosso trabalho superou os resultados de Yan et al. [3], que consideraram um limite de [0;2 π], mas teve um desempenho inferior quando comparado com o trabalho de Hussain et al. [4], que também considerou o ângulo de chegada e de partida entre [0; π]. No entanto, este modelo [4] não só não é realista como também não é prático, uma vez que requer informação precisa (sobre o ângulo tangencial de chegada do MN que está uniformemente distribuído entre [0⅛) do sistema.

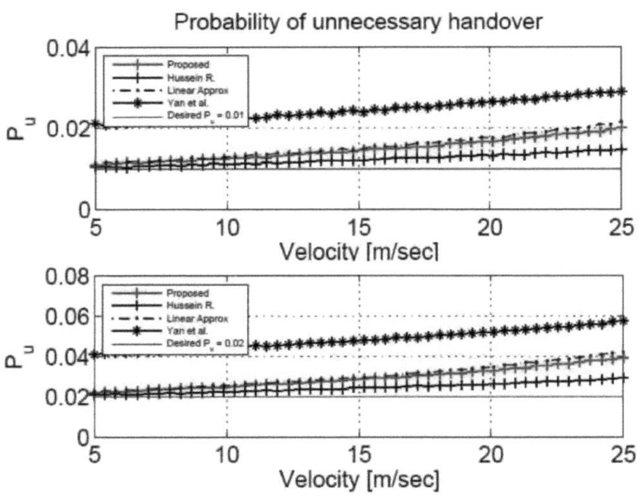

Figura 0.1: Gráfico da probabilidade de transferência desnecessária em função da velocidade do MN.

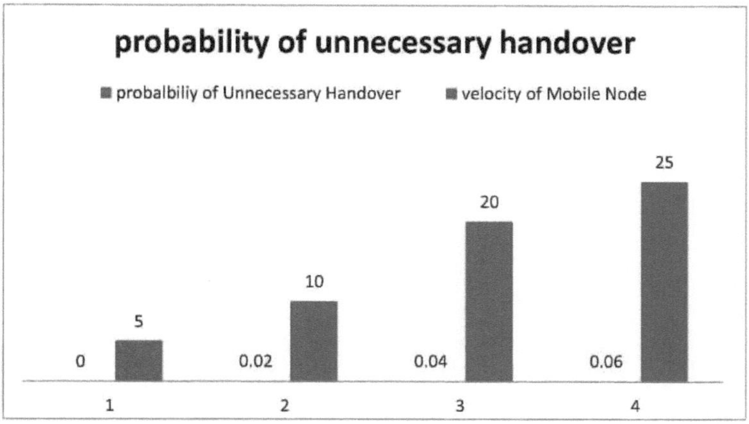

O gráfico de barras acima mostra os gráficos da probabilidade de transferência desnecessária, Pu, e da probabilidade de falha de transferência, Pf, em função da velocidade do MN. A partir dos gráficos, observa-se que, à medida que a velocidade do MN aumenta, a probabilidade de transferência desnecessária e de falha de transferência aumenta e afasta-se do nível projetado.

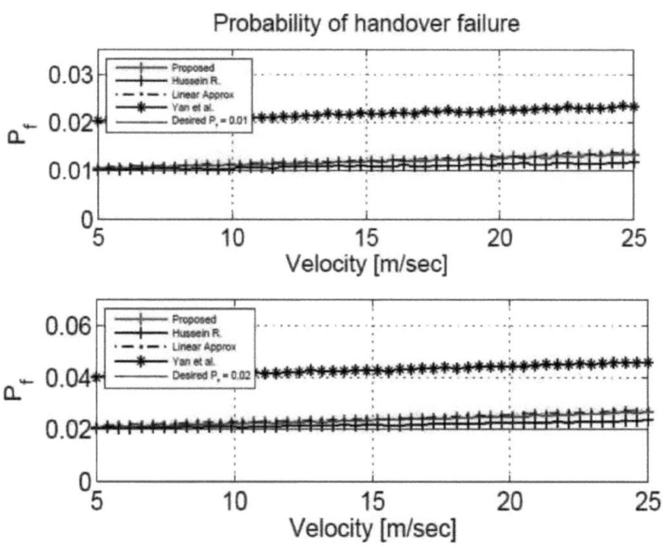

Figura 5.2: Gráfico da probabilidade de falha de Handover em função da velocidade do MN.

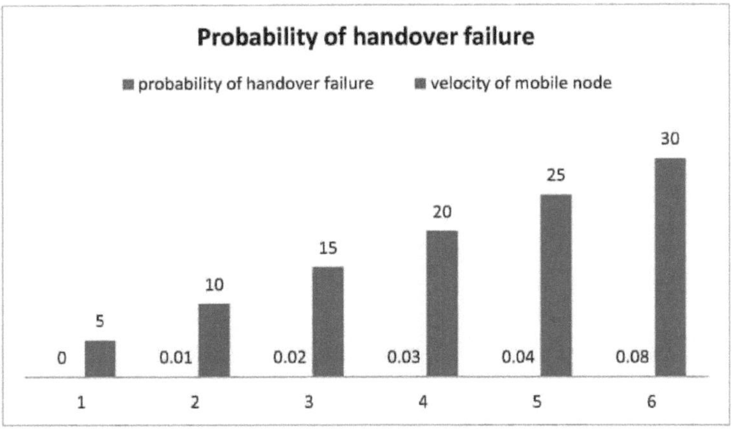

O gráfico de barras acima mencionado mostra que a velocidade do MN tem um impacto na obtenção de um bom QOS, bem como na minimização da probabilidade de falha de transferência e da probabilidade de transferência desnecessária.

Apesar das limitações de desempenho, o nosso trabalho teve em conta o efeito do desvanecimento lento e apresenta uma descrição realista da área de cobertura WLAN, tendo em conta que o ambiente sem fios é estocástico e apresenta numerosas incertezas; o modelo proposto fornece uma previsão mais exacta do que os trabalhos anteriores na literatura.

5.3 RESULTADOS PARA HTCE

A Fig. 5-3 mostra a distância de ativação da transferência para um caso ideal e para vários valores de tolerância de rutura do HTCE. O algoritmo HTCE com a tolerância de rutura mais baixa (PBreak = 0,02) apresenta um comportamento semelhante com outros valores de PBreak, no entanto, inicia a transferência muito mais cedo (a uma distância ≈ 10 m com uma velocidade de 5 m=s) para evitar o possível risco de rutura da ligação. Com uma tolerância de rutura mais elevada (para valores de PBreak de 0,3 e 0,7), o HTCE assume um maior risco de possível rutura da ligação, a fim de aumentar o tempo passado na área de cobertura WLAN. Com um valor de PBreak de 0,7, o HTCE atrasa a transferência para além do caso ideal. Dependendo da decisão do projetista do sistema, deve haver um compromisso entre o número de quebras de ligação e o tempo passado na célula WLAN. O declive do modelo HTCE proposto dá uma resposta melhor do que o caso ideal, uma vez que desencadeia a transferência a distâncias razoáveis, apesar da elevada velocidade do MN. Estes resultados também demonstram a flexibilidade do modelo HTCE proposto.

Como se pode ver na Fig. 5-4, a utilização total da WLAN para HTCE aumenta à medida que são aplicados valores mais elevados de PBreak. Dependendo da aplicação utilizada pelo MN, é possível ajustar o valor do PBreak para maximizar a utilização da WLAN ou minimizar a probabilidade de quebra de ligação. A v = 10m=seg, se o PBreak for fixado em 0,02, o MN utiliza a célula WLAN em ≈ 77%, enquanto que com PBreak=0,7, a célula WLAN é utilizada em ≈ 96%. Para aplicações sensíveis a avarias, como voz, videochamadas e jogos em rede, o PBreak pode ser atribuído a um valor pequeno para manter a continuidade do serviço, enquanto para aplicações não sensíveis a avarias, como dados, o PBreak pode ser atribuído a um valor mais elevado para maximizar a utilização da WLAN (para efeitos de instalação de baixo custo e elevada largura de banda na célula WLAN). A Fig. 5-5 mostra o gráfico da perda de pacotes em função da velocidade do MN para vários valores de limiar fixos.

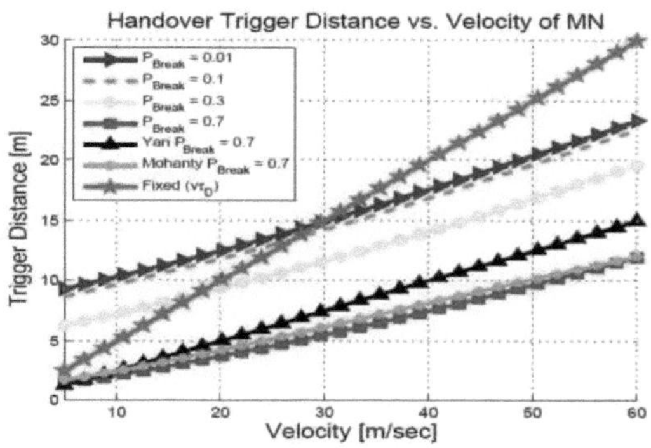

Figura 0.3: Gráfico da distância de ativação da transferência em função da velocidade do MN.

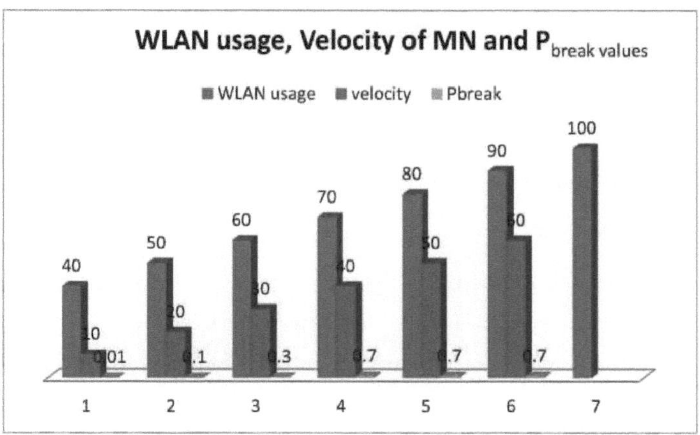

O gráfico acima mostra os valores de tolerância de rutura P, pelo que, se aplicarmos valores de rutura elevados, a utilização da WLAN aumentará em função das aplicações utilizadas. Algumas aplicações são sensíveis à rutura, como as chamadas de voz e de vídeo, pelo que os valores de rutura P devem ser atribuídos a valores baixos, e outras aplicações não são sensíveis à rutura, pelo que a maximização dos valores de rutura dos dados resultará num aumento da utilização da WLAN.

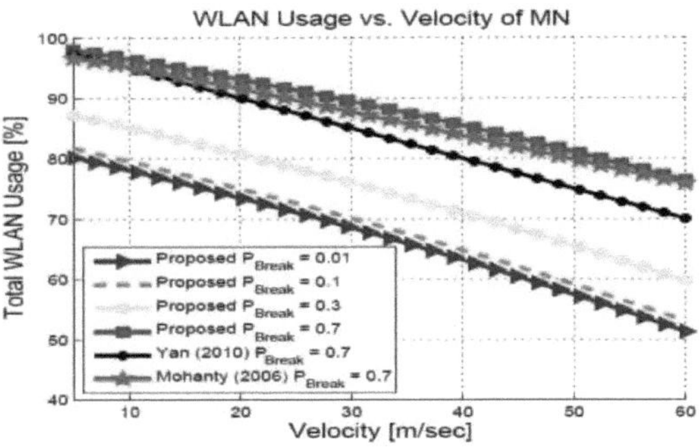

Figura 5.4: Gráfico da utilização de WLAN vs. velocidade do MN.

Se o RSSthθθsh tiver um valor elevado, a transferência será despoletada demasiado cedo, o que conduzirá a uma menor utilização dos serviços WLAN pelo MN. O resultado mostra a vantagem de ter um limiar de transferência adaptável para evitar a perda de pacotes durante a transferência.

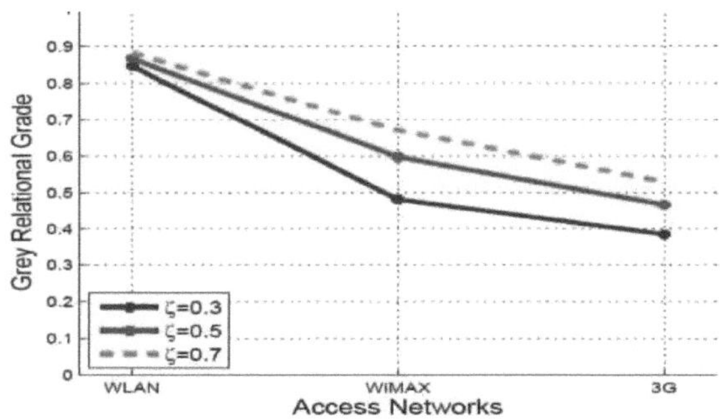

Figura 0.5: Gráfico da perda de pacotes em função da velocidade do MN.

5.4 RESULTADOS PARA HTS

Os resultados empíricos mostram que a abordagem GRA oferece uma solução fiável quando comparada com os resultados obtidos com os métodos existentes [30]. Tem a capacidade de fornecer diferenças entre redes de acesso, o que não acontece com a maioria dos algoritmos MCDM [30].

Este estudo examinou o impacto do coeficiente de distinção na classificação da relação cinzenta com o coeficiente z fixado em valores (0,3, 0,5, 0,7), como se mostra nas Figuras 5-6 e 5-7, para o estudo de caso um e dois, respetivamente. Os resultados indicam que o coeficiente de distinção tem um impacto mínimo nas classificações GRA, mostrando assim a validade desta abordagem. A partir da Fig. 5-6 (no estudo de caso um), a WLAN foi classificada em primeiro lugar, o que implica que, quando um MN se encontra na gama de rádio de três redes de acesso, será melhor efetuar uma transferência para a célula WLAN com base nos atributos de desempenho indicados.

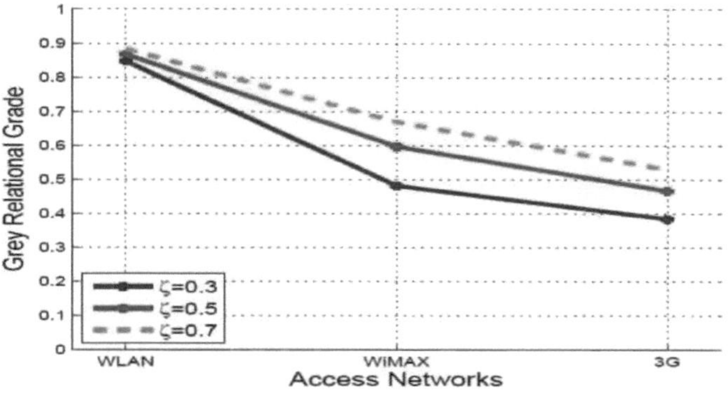

Figura 0.6: Classificação GRA do Estudo de Caso Um.

Por outro lado (no segundo estudo de caso), a Fig. 5-7 indica que a rede de acesso WiMAX1 foi a melhor classificada, o que a torna a rede mais adequada para o MN efetuar uma transferência. Em ambos os casos, as classificações mantiveram-se constantes, apesar da utilização de vários coeficientes de distinção. A abordagem GRA utilizada neste estudo fornece resultados satisfatórios que ajudarão os projectistas de sistemas a implementar um processo de tomada de decisão eficaz.

5.5 RESUMO

Neste capítulo, foi efectuada uma avaliação do desempenho do esquema de transferência vertical proposto. Utilizando o MATLAB, foram efectuadas experiências de simulação para demonstrar que a estimativa da necessidade de transferência proposta é capaz de minimizar o número de falhas de transferência e de transferências desnecessárias. A abordagem proposta para a estimativa da condição de ativação da transferência foi capaz de oferecer a flexibilidade de escolha, quer para uma maior utilização da WLAN, quer para uma menor probabilidade de quebra de ligação, com base na natureza da aplicação utilizada ou nas preferências do utilizador.

Finalmente, o algoritmo GRA foi utilizado na abordagem proposta de seleção do alvo de transferência para uma seleção óptima da rede. A combinação destas três abordagens dá origem a um novo esquema que pode ser utilizado para otimizar as decisões de transferência vertical.

CAPÍTULO 6

CONCLUSÃO E TRABALHO FUTURO

6.1 CONCLUSÃO

Este documento apresenta novos modelos para a representação realista da área de cobertura WLAN. O modelo de base geométrica proposto para HNE e HTCE combina e alarga os resultados teóricos de análises matemáticas anteriores efectuadas por vários investigadores. O modelo resultante é probabilístico e baseia-se em vários parâmetros da rede, incluindo a variação aleatória do raio da célula, o ângulo de deslocação, θ, e a velocidade do MN. Este modelo é também único no sentido em que pode simular diferentes cenários de cobertura no que respeita ao tempo de permanência do MN na célula WLAN. Como todos os parâmetros dos modelos foram derivados de uma análise geométrica e probabilística exaustiva, simulam corretamente o comportamento real do MN que atravessa uma área de cobertura WLAN. A partir dos resultados obtidos, chegamos à conclusão de que o shadow fading tem um efeito mínimo nos modelos de handover vertical. O nosso trabalho futuro considerará os efeitos do desvanecimento em pequena escala devido ao multipercurso.

Os modelos apresentados foram validados através da comparação dos resultados simulados com trabalhos de outros investigadores em condições semelhantes. A qualidade destas simulações corresponde qualitativamente aos comportamentos reais dos MN que atravessam uma célula WLAN realista. Tanto quanto sei, este é o primeiro modelo de base geométrica que considera uma estrutura de célula amebiana para simular a probabilidade de transferência. O modelo conseguiu minimizar a probabilidade de transferência desnecessária, P_u, a probabilidade de falha de transferência, Pf, e a probabilidade de quebra de ligação, P_{Break}. Utilizando o algoritmo GRA, o esquema foi capaz de fornecer uma forma computacionalmente mais rápida de tomar decisões de transferência eficientes que aumentarão a satisfação do utilizador com base em múltiplos atributos de desempenho. Os modelos baseados na geometria para HNE e HTCE são também os primeiros modelos deste género na literatura existente.

6.2 TRABALHO FUTURO

Esta tese deu diferentes contributos nos domínios das VNs e das VHDAs.

No entanto, há ainda algumas questões que podem ser melhoradas a fim de aperfeiçoar os processos VHO. Além disso, durante o trabalho de investigação, foram identificadas várias questões. Passamos a descrever brevemente os mais relevantes:

J Deve ser desenvolvida ou alargada *uma* ferramenta de simulação/emulação para abranger muitos casos de estudo de VHO. Além disso, a ferramenta deve implementar diferentes VHDAs a fim de comparar o desempenho das novas propostas com os VHDAs implementados.

J É necessário desenvolver uma taxonomia para organizar as diferentes métricas de avaliação/desempenho aquando da avaliação de VHDAs. Desta forma, os autores poderiam comparar de forma justa o desempenho de diferentes VHDAs.

J No que respeita ao protocolo IEEE 802.21, deve ser desenvolvido um quadro de segurança que tenha em conta as questões de privacidade e autenticação aquando da realização de processos VHO.

J Para melhorar a qualidade da experiência (QoE) na utilização de redes sem fios heterogéneas, podem ser aplicados mecanismos de rádio cognitivo nas camadas física e de ligação.

REFERÊNCIAS

[1] Kassar M., Kervella B. e Pujolle G. (2008). An Overview of Vertical Handover Decision Strategies in HeterogeneousWireless Networks (Uma visão geral das estratégias de decisão de transferência vertical em redes sem fios heterogéneas). Elsevier Computer Communications. Vol. 31, 2607-2620.

[2] Hussain R., Malik S. A., Abrar S., Riaz R. A., e Khan S. A. (2012). Minimização de handovers desnecessários num ambiente de rede heterogéneo. Przeglad Elektrotechniczny (Electrical Review). 88(9b), 314-318.

[3] Yan X., Mani N., e Sekercioglu Y. A. (2008). Um método baseado na previsão da distância percorrida para minimizar handovers desnecessários de redes celulares para WLANs. IEEE Communications Letters. 12(1), 14-16.

[4] Hussain R., Malik S. A., Abrar S., Riaz R. A., Ahmed H. e Khan S. A. (2013). Vertical Handover Necessity Estimation Based on a New Dwell Time Prediction Model for Minimizing Unnecessary Handovers to a WLAN Cell. Springer, Wireless Personal Communications. Vol. 71, issue 2, pp. 1217-1230.

[5] Mohanty S. (2006). A New Architecture for 3G and WLAN Integration and Intersystem Handover Management. Springer, Wireless Networks. Vol. 12, no. 6, pp. 733-745.

[6] Chang B. J. e Chen J. F. (2008). Handoff vertical adaptativo baseado em camadas cruzadas com RSS preditivo em redes sem fio heterogêneas. IEEE Transactions on Vehicular Technology. Vol. 57, no. 6, 3679-3692.

[7] He F. e Wang F. (2008). Algoritmo de decisão de transferência vertical com reconhecimento de posição em redes sem fios heterogéneas. IEEE Wireless Communications, Networking and Mobile Computing (Comunicações sem fios, redes e computação móvel). 1-5.

[8] Molisch A. F. (2011). Comunicações sem fio. (2ª Edição). John Wiley and Sons Inc.[7] Smith C. e Meyer J. (2005). 3GWireless comWiMAX eWi-Fi: 802.16 e 802.11. Engenharia de Comunicações. McGraw-Hill.

[8] Salam T., Mushtaq S., Khalid T., Ali M. e Amin M. (2011). Efficient Vertical Handover Approaches for Increased User Satisfaction in Next Generation Networks (Abordagens de transferência vertical eficientes para aumentar a satisfação do utilizador em redes da próxima geração). Conferência IEEE sobre Redes de Computadores e Tecnologias da Informação. pp. 233-239.

[9] Lin Y. B. e Chlamtac I. (2004). Wireless and Mobile Network Architectures (Arquitecturas de

redes móveis e sem fios). John Wiley and Sons Inc.

[10] Nguyen-Vuong Q. T., (2008) Mobility Management in 4G Wireless Heterogeneous Networks, Tese de Doutoramento, Universidade de Évry Val d'Essonne, França 53

[11] Yan X., (2010) Otimização de processos de decisão de transferência vertical para redes sem fios heterogéneas de quarta geração, tese de doutoramento, Universidade de Monash, Austrália

[12] Khattab O. e Alani O. (2013). Pesquisa sobre abordagens de transferência independente de mídia (MIH) em redes sem fio heterogêneas. Actas do IEEE da 19.ª Conferência sem fios, pp. 1-5.

[13] Yan X., Sekercioglu Y. A. e Narayanan S. (2010). A Survey of Vertical Handover Decision Algorithms in Fourth Generation Heterogeneous Wireless Networks [Um estudo dos algoritmos de decisão de transferência vertical em redes sem fios heterogéneas de quarta geração]. Elsevier Computer Networks. Vol. 54, 1848-1863.

[14] Ahmed A., Boulahia L. M. e Gaiti D. (2014). Permitindo decisões de transferência vertical em redes sem fios heterogéneas: A State-of-the-Art and A Classification. IEEE Communications Surveys and Tutorials. Vol. 16, no. 2, pp. 776-811.

[15] Tamea G., Vegni A. M., Inzerilli T. e Cusani R. (2009). A Probability based Vertical Handover Approach to Prevent Ping-Pong Effect. IEEE Wireless Communication System. 181185.

[16] He F. e Wang F. (2008). Algoritmo de decisão de transferência vertical com reconhecimento de posição em redes sem fios heterogéneas. IEEE Wireless Communications, Networking and Mobile Computing (Comunicações sem fios, redes e computação móvel). 1-5.

[17] He D., Chi C., Chan S., Chen C., Bu J. e Yin M. (2011). Um Algoritmo de Handoff Vertical Simples e Robusto para Redes Móveis Sem Fios Heterogéneas. Springer, Wireless Personal Communications. Vol. 59, 361-373.

[18] Liu M., Li Z., Guo X. e Dutkiewicz E. (2008). Performance Analysis and Optimization of Handoff Algorithms in HeterogeneousWireless Networks (Análise de desempenho e otimização de algoritmos de Handoff em redes sem fios heterogéneas). IEEE Transactions on Mobile Computing. Vol. 7, no. 7, 846-857.

[19] Fontan P. F. e Espineira P. M. (2008). Modelagem do Canal de Propagação Sem Fio: Uma abordagem de simulação com Matlab. Wiley Series on Wireless Communication and Mobile Computing. John Wiley and Sons Ltd.

[20] Molisch A. F. (2011). Comunicações sem fio. (2ª Edição). John Wiley and Sons Inc.

Apêndice A

LISTA DE ACRÓNIMOS

1G, 2G, 3G, 4G	Generation of mobile communication
ABC	Always Best Connected
AMPS	Advanced Mobile Phone System
AP	Access Point
BS	Base Station
EDGE	Enhanced Data rates for GSM Evolution
GPRS	General Packet Radio Service
GRA	Grey Relational Analysis
GSM	Global System for Mobile communication
HNE	Handover Necessity Estimation
HTCE	Handover Triggering Condition Estimation
HTS	Handover Target Selection
IEEE 802.11	WiFi standard
IEEE 802.16	WiMAX standard
IEEE 802.21	MIH standard
IMT-2000	International Mobile Telecommunications-2000
IP	Internet Protocol
JTACS	Japanese Total Access Communication System
LTE	Long Term Evolution
MICS	Media Independent Command Service
MIES	Media Independent Event Service
MIH	Media Independent Handover
MIIS	Media Independent Information Service
MISAP	MIH Service Access Point
MN	Mobile Node
QoS	Quality of Service
RSS	Received Signal Strength
TACS	Total Access Communication System

UMTS	Universal Mobile Telecommunications Service
VHO	Vertical Handover
VoIP	Voice over IP
WCDMA	Wideband Code Division Multiple Access
WiFi	Wireless Fidelity
WiMAX	Worldwide Interoperability for Microwave Access
WLAN	Wireless Local Area Network
WMAN	Wireless Metropolitan Area Network

MIX
Papier aus verantwortungsvollen Quellen
Paper from responsible sources
FSC® C105338

Printed by Books on Demand GmbH, Norderstedt / Germany